L'HORREUR FISCALE

Déjà publié par Irène Inchauspé

L'Échéance, avec François de Closets, Fayard, 2011 ; rééd. J'ai lu, 2012.

Main basse sur la musique : enquête sur la SACEM, avec Rémi Godeau, Calmann-Lévy, 2003.

Une faillite si convenable : histoire secrète de la banque Pallas Stern, Calmann-Lévy, 1999.

L'Impôt sur le cash-flow : la taxe financière, vers une fiscalité économique des sociétés, Éditions de l'Épargne, 1990.

Sylvie Hattemer-Lefèvre
Irène Inchauspé

L'horreur fiscale

Fayard

ISBN : 978-2-213-68134-4

À Pierre, Martin et Léa.
S. H.-L.

À Olivier, mon très cher mari,
sans qui ce livre ne serait pas ce qu'il est.
I. I.

PROLOGUE

Pire que dans vos cauchemars…

L'horreur fiscale ? Si c'est pour dire que nous payons trop d'impôts, ce n'était vraiment pas la peine d'écrire un livre !

Ce n'est pas la hausse des prélèvements que cet ouvrage détaille. Nous avons mené l'enquête, essayé de comprendre, épluché des quantités de rapports, rencontré des experts, soulevé les tapis. Chaque fois, nous avons découvert une nouvelle horreur. Opacité, créativité nuisible, manque de cohérence, idées reçues, démonstrations biaisées, fausses solutions : bien pire que ce que l'on pouvait imaginer.

Dans l'urgence, pressée de remplir les caisses, la gauche au pouvoir a tout simplement tué le système d'intéressement qui existait depuis près d'un demi-siècle. Elle a décidé de fiscaliser les mutuelles, tout en créant la mutuelle pour tous afin de pouvoir tondre plus large. Elle a continué à raboter le quotient familial, persuadée d'être dans le droit chemin en ne pénalisant que les familles riches. Erreur ! Ce sont toujours les classes moyennes qui trinquent, et nous le démontrons, chiffres à l'appui. *Idem* pour la taxe d'habitation. Cela fait des années qu'on parle de la réformer en revoyant les valeurs locatives des propriétés. L'administration a toujours bloqué la réforme, arguant du fait que la révision aboutirait à des transferts importants entre contribuables. Bercy est devenu un bateau ivre fonctionnant de façon antidémocratique. Même une vice-présidente de la commission des finances de l'Assemblée nationale n'a pu obtenir de réponse à ses questions. Champions pour torpiller les réformes dont ils ne veulent pas, les hauts fonctionnaires du ministère de l'Économie règnent en maîtres. Peu leur importe que notre système fiscal soit devenu extrêmement complexe, à tel point qu'eux-mêmes ne le comprennent pas parfaitement ! La complexité administrative, dont la fiscalité est la championne, coûte chaque année 80 milliards d'euros à la France ? La forteresse de Bercy veille à ce que rien ne change.

Pour les entreprises – ce sont elles qui le disent –, c'est la fiscalité que l'on devrait simplifier en premier. Les PME, en particulier, sont matraquées. Un patron propriétaire de sa très petite entreprise, qui se rémunère en dividendes, n'a plus intérêt à travailler, tant la fiscalité est dissuasive. Il facture une prestation 12 000 euros et décide de placer cette somme pour sa retraite ? Au bout de vingt ans, il lui restera, tous prélèvements compris… 3 441 euros. Alors, elle n'est pas belle, la vie ? L'impôt est aussi devenu un tueur d'entreprises familiales, tant la transmission aux héritiers est taxée. Ce n'est même plus la peine de rêver de se rapprocher du *Mittelstand* allemand, ce vivier de groupes de taille moyenne, familiaux, indépendants et misant sur l'innovation.

Depuis deux ans, les contribuables français sont les victimes d'un hold-up fiscal sans précédent : entre 2011 et 2013, Nicolas Sarkozy et François Hollande ont créé 84 nouveaux impôts qui ont rapporté près de 60 milliards d'euros de recettes supplémentaires à l'État, ce qui a permis à la France de conforter sa place de championne du monde des prélèvements obligatoires. Les ménages, les familles, les chefs d'entreprise, les héritiers, les retraités : personne n'a échappé à cette tonte généralisée. Le pire, c'est que cette rafle fiscale censée réduire la dette du pays n'a servi à rien, cette dernière ayant continué à progresser.

Alors, oui, les Français sont en colère, et ils expriment leur ras-le-bol avec les armes à leur portée : les plus riches s'exilent, les grands groupes délocalisent une partie de leurs équipes dirigeantes, les patrons créent leurs entreprises à l'étranger. Ceux qui restent manifestent dans les rues, et les autres se révoltent en silence : soit ils travaillent moins, soit ils basculent dans la fraude. Les premiers sondages de 2014 l'ont confirmé : juste après le chômage, les impôts et taxes sont devenus la principale préoccupation des Français, devant le pouvoir d'achat et les retraites.

Au lieu de s'occuper de cette situation dramatique, le gouvernement n'a qu'une idée en tête : au nom de l'équité fiscale, il veut rendre l'impôt sur le revenu plus progressif. Que de temps perdu ! Contrairement à ce qu'a affirmé l'économiste Thomas Piketty avec un immense pouvoir de persuasion, l'impôt sur le revenu est déjà très progressif. Sa démonstration, en effet, ne résiste pas à une analyse approfondie. Bien sûr, on compte 50 000 ultra-riches, qui vivent davantage des revenus financiers de leurs placements que de ceux de leur travail. Certains fraudent même allégrement le fisc. Qu'on s'en occupe, qu'on améliore la lutte contre la fraude !

Le gouvernement a fait une autre promesse : la hausse des impôts, c'est terminé. Ils pourraient même commencer à baisser en 2015. Dormez, braves gens, tout va bien… Mais ne dormez que d'un œil ! Au-delà des boniments que nous servent régulièrement Jean-Marc Ayrault ou Pierre Moscovici, il y a la vérité des faits que nous avons réussi à décortiquer : la France vit un cauchemar fiscal qui n'est pas près de s'arrêter. Honni par la droite, rejeté par la gauche, au plus bas dans les sondages, François Hollande tente de se rattraper en enfumant les entreprises et en faisant la danse du ventre devant les investisseurs étrangers. Cependant, il ne peut promettre que du vent, puisque sa majorité le contredit. Ce fanatique de la fiscalité, qui s'est servi de cet outil puissant tout au long de sa carrière politique, n'a rien compris au film. A-t-il seulement conscience que cette orgie fiscale n'a même pas permis de boucher les trous de l'État, des collectivités locales, de la Sécurité sociale ?

Monsieur le Président, il va falloir faire preuve de courage et d'imagination pour nous sortir de là. En étudiant les recettes utilisées par les pays qui ont réussi à surmonter les difficultés que nous vivons, mais aussi ce qui s'est fait dans le passé, au lendemain de la Seconde Guerre mondiale, lorsqu'il a fallu reconstruire la France. Rien ne nous empêche de monter sur des épaules de géants pour voir plus loin…

PREMIÈRE PARTIE

L'ASSOMMOIR FISCAL

1

Bienvenue au pays des droits de l'homme et du contribuable

Quel est le comble du mafieux ? Vouloir payer des impôts. La meilleure façon de rentrer dans le rang et de devenir un citoyen bien sous tous rapports. La preuve, ce titre à la une de *Politiken*, grand quotidien danois, le 31 mai 2013 : « Les dealers de cannabis veulent payer des impôts. » Ce n'est pas une idée de journaliste facétieux, mais « le souhait de 99 % des vendeurs », confirme dans l'article l'un des dealers les plus connus, qui préfère rester anonyme. Cette proposition arrive au bon moment, en plein débat sur la légalisation de la vente de cannabis au Danemark. L'activité est particulièrement rentable ; pour la rendre tout à fait honorable, une seule solution : payer des impôts. Le rêve de tous les trafiquants : blanchir l'argent sale provenant des plus ignobles trafics pour le réinjecter dans l'économie et en tirer des revenus imposables. Le ministre danois de la Justice ne s'y est pas trompé : « Toute réponse à la proposition de légalisation du cannabis comprend trois lettres : N-O-N », déclare-t-il dans les colonnes de *Politiken*, bien conscient que derrière ces dealers qui veulent montrer patte blanche se cache le crime organisé. Pas question donc de légaliser l'activité en la soumettant à la fiscalité. Autre exemple : en France, en novembre 2013, a eu lieu un débat houleux sur le projet de loi visant notamment à pénaliser les clients des prostituées. Celles qui militaient contre la loi, des professionnelles « indépendantes » qui ne se trouvent pas aux mains des réseaux, l'affirmaient alors clairement : nous sommes des citoyennes comme les autres, nous payons des impôts.

Ce n'est pas le moindre paradoxe de l'impôt que d'être avant tout… l'un des garants des libertés individuelles et de la démocratie. Dans les États totalitaires, où le peuple n'a pas son mot à dire, il n'y a pas de véritable système fiscal. L'appareil étatique, seul maître de la production, prélève directement ce dont il a besoin. Les révolutionnaires de 1789 ne s'y étaient pas trompés. Il est largement admis aujourd'hui que la composante fiscale a été essentielle dans la Révolution française. Avant de prendre la Bastille, les plus faibles n'en pouvaient plus de payer des taxes directes et indirectes pendant que les nobles et le clergé échappaient facilement aux exigences des fermiers généraux.

Dès les années 1760, la contestation monte contre l'impôt. Une figure se distingue : Étienne de Silhouette, nommé contrôleur général des Finances le 4 mars 1759. Il apparaît comme le seul homme capable de trouver les moyens de battre l'Angleterre, en guerre contre la

France depuis 1756. « Procurer à l'État les ressources ordinaires pour repousser les injustes attaques d'un ennemi […], affermir de plus en plus le crédit par la stabilité des engagements sur lesquels il est fondé, protéger l'industrie, soulager, lorsque les circonstances le permettront, un peuple qui ne ressentirait jamais le poids des impôts et le malheur des temps, s'il ne tenait qu'à son souverain de les garantir : voilà l'objet de mes devoirs. C'est dans la suppression des dépenses inutiles, dans l'économie des dépenses nécessaires, et dans l'amélioration des diverses branches du revenu public, que l'on doit chercher les premières ressources pour subvenir aux besoins de l'État », écrit Silhouette lors de sa prise de fonction[1]. Quel beau programme !

Il connaît bien le poids de l'opinion publique. Il s'attache d'abord à prendre une série de mesures populaires pour calmer les récriminations du parlement de Paris, tout en fournissant les fonds dont le gouvernement a besoin. Mais c'est insuffisant. Pour faire face aux dépenses de la guerre, Silhouette ne trouve pas d'autre moyen que d'augmenter la fiscalité en « adoptant un mode de taxation nouveau en France, dont l'Angleterre offre le modèle et qui porte principalement sur la richesse et épargne les peuples ». Un concept sulfureux pour l'époque… Un édit de septembre 1759 instaure alors, sous le nom de

1. Source du récit et des citations : Institut de la gestion publique et du développement économique (ministère de l'Économie et des Finances), « Étienne de Silhouette », 16 février 2006.

« subvention générale », un ensemble de décisions fiscales mettant en place de nouveaux impôts : une surtaxe de 10 % à l'entrée sur les marchandises de luxe, une taxe sur les domestiques, une taxe sur les boutiques… La subvention générale de Silhouette suscite une virulente hostilité contre sa personne. Le 1er octobre 1759, une noble dame ulcérée écrit ainsi à Voltaire qu'on « vient de publier dix ou douze édits qui font bien trois quarts d'heure de lecture […]. Ils ne taxent pas l'air que nous respirons, hors cela je ne sache rien sur quoi ils ne portent ». Cette protestation rappelle fortement la tonalité de ce que l'on entend aujourd'hui. En novembre 1759, face à la grogne générale, Silhouette doit démissionner. Son passage aux commandes des finances de l'État aura été si rapide que de son nom on fit un nom commun, désignant au sens premier un contour sans contenu particulier. Une façon peu banale de rester dans l'Histoire !

La Révolution, elle, veut tout changer pour de bon. Elle supprime la quasi-totalité des impôts de l'Ancien Régime, crée quatre impôts directs et proclame l'égalité des citoyens devant l'impôt. En 1789, dans la Déclaration des droits de l'homme et du citoyen, quatre articles refondent la légitimité de l'impôt. Ce texte est encore aujourd'hui notre pacte social de base. Ne résistons pas au plaisir de le relire pour nous rappeler que l'impôt consenti par le peuple a d'abord été une belle idée révolutionnaire.

« Article 12 : La garantie des droits de l'homme et du citoyen nécessite une force publique ; cette force est donc instituée pour l'avantage de tous, et non pour l'utilité particulière de ceux à qui elle est confiée.

« Article 13 : Pour l'entretien de la force publique, et pour les dépenses d'administration, une contribution commune est indispensable ; elle doit être également répartie entre les citoyens, en raison de leurs facultés.

« Article 14 : Les citoyens ont le droit de constater, par eux-mêmes ou par leurs représentants, la nécessité de la contribution publique, de la consentir librement, d'en suivre l'emploi et d'en déterminer la quotité, l'assiette, le recouvrement et la durée.

« Article 15 : La société a le droit de demander compte à tout agent public de son administration. »

Pour préciser quelque peu la nature de la contribution, il sera ajouté dans la Constitution du 24 juin 1793 (article 20) : « Nulle contribution ne peut être établie que pour l'intérêt général. » Cela va sans dire, mais ça va mieux en le disant ! Ainsi défini, l'impôt apparaît bien pour ce qu'il est : un transfert financier du citoyen aux administrations effectué sous la contrainte et sans contrepartie immédiate. Le consentement à l'impôt n'a donc rien d'évident : il instaure une relation de subordination alors que son utilisation est lointaine et non définie, sinon en termes très généraux. Le pacte social doit être solide pour que les citoyens acceptent de payer l'impôt. « Il faut pour cela qu'ils fassent confiance à l'administration pour agir de manière verticale et utiliser les deniers qu'elle prélève à des fins véritablement collectives », explique Nicolas

Delalande, chargé de recherche au Centre d'histoire de Sciences Po. « Cette confiance verticale se double d'une confiance horizontale : il est nécessaire que chaque membre du groupe ait confiance dans la volonté des autres de participer au jeu collectif[1]. » Les citoyens doivent pouvoir également contrôler l'emploi qui est fait de leurs contributions, un tel contrôle étant exercé par les élus, représentant le peuple. « Pas de taxation sans représentation » : ce principe, qui accompagna la naissance du parlementarisme anglais, est aussi appris aujourd'hui à l'école par tous les petits Américains.

Taxer la pleine lune

Dommage que l'on n'enseigne pas l'histoire fiscale en France. La matière aurait tout à fait sa place dans les cours d'éducation civique. Son étude permettrait de se rendre compte que la créativité fiscale est depuis fort longtemps une spécialité française ! Plaçons-nous par exemple en 1797, après le coup d'État du 18 fructidor. Les républicains ont confisqué le pouvoir, alors que les résultats des élections législatives étaient favorables aux royalistes. Dans un pays en proie au trouble depuis dix ans, les nouveaux venus veulent s'affirmer. Ils exilent leurs adversaires, réorganisent les finances de l'État et créent une fiscalité

1. Nicolas Delalande, *Les Batailles de l'impôt*, Seuil, 2011.

nouvelle. Le 30 septembre 1797, Dominique Ramel, ministre des Finances du Directoire, commence par fermer le marché des titres publics et fait voter une loi annulant deux tiers de la dette publique. L'événement entre dans l'Histoire sous le nom de « banqueroute des deux tiers ». Une fois réalisée cette réorganisation un peu brutale des finances publiques, Ramel part à la recherche de nouvelles recettes. Au cours de cette quête, il s'aperçoit que l'éclairage des rues de Paris a été donné en concession à un particulier. « Il se trouve que le gars qui gérait cela se portait fort bien sur le plan financier, raconte l'économiste Jean-Marc Daniel. Il a donc été convoqué par Ramel, à une époque où la guillotine fonctionnait quasiment non-stop[1]. » Le ministre s'étonne que les revenus de cette activité soient si élevés et demande à son interlocuteur s'il n'y aurait pas moyen de faire des économies. Eh bien oui, sans doute, avoue l'homme, qui tient à garder sa tête sur ses épaules. Les nuits de pleine lune, les rues parisiennes sont moins noires, il serait donc possible de baisser l'éclairage. « Dans ce cas-là, vous gagnez plus, il faut rendre cet argent aux citoyens, rétorque Ramel. Nous allons donc installer une taxe sur les nuits de pleine lune. » La discussion ne s'arrête pas là, car l'homme ose faire remarquer que, certaines de ces nuits, il pouvait aussi y avoir des nuages... Les négociations durent ainsi fort longtemps, jusqu'aux élections de mars-avril 1799, qui amènent une majorité

1. Entretien avec l'un des auteurs, 29 novembre 2013.

jacobine dans les Conseils et contraignent Ramel à la démission.

Le même Ramel a eu auparavant plus de chance avec le fameux impôt sur « les portes et les fenêtres », voté dans la loi du 24 novembre 1798. Dès son article 3, la loi détaille le dispositif, démontrant ainsi le raffinement et la créativité de l'administration fiscale française – depuis toujours sa marque de fabrique. Les habitants de communes de moins de cinq mille âmes paieront 0,20 franc par porte et fenêtre ; de cinq à dix mille, 0,25 franc ; de dix à vingt-cinq mille, 0,30 franc ; de vingt-cinq à cinquante mille, 0,40 franc ; de cinquante à cent mille, 0,50 franc ; au-delà de cent mille, 0,60 franc. Ne sont pas soumises à la contribution les portes et fenêtres des locaux non destinés à l'habitation des hommes, pas plus que celles des bâtiments employés à un service public civil, militaire ou d'instruction, ou aux hospices. Néanmoins, si lesdits bâtiments sont occupés en partie par des citoyens auxquels la République ne doit point de logement d'après les lois existantes, lesdits citoyens seront soumis à la contribution, à concurrence des parties des bâtiments qu'ils occuperont. On pourrait réinstaurer ce dispositif aujourd'hui pour ceux qui occupent indûment des logements HLM... Cet impôt fut accusé de pousser à la construction d'habitations insalubres. Au chapitre IV du premier livre des *Misérables*, Victor Hugo le condamne en ces termes : « Mes très chers frères, mes bons amis, il y a en France treize cent vingt mille maisons de paysans qui n'ont que trois ouvertures, dix-huit cent dix-sept mille qui ont deux ouvertures, la porte et une fenêtre, et enfin trois cent quarante-six mille cabanes qui n'ont qu'une ouverture, la porte. Et cela, à cause d'une chose qu'on appelle l'impôt des portes et fenêtres. Mettez-moi de pauvres familles, des vieilles femmes, des petits enfants, dans ces logis-là, et voyez les fièvres et les maladies. Hélas ! Dieu donne l'air aux hommes, la loi le leur vend. » Cette taxe fut supprimée en 1926.

Impôt, mon amour

Admettre que le consentement à l'impôt est l'un des piliers de nos démocraties n'a jamais été chose facile. L'expression du mécontentement a été particulièrement virulente entre 1894 et 1896, puis entre 1907 et 1909, « deux moments où la question fiscale occupe le premier plan du débat politique[1] », comme le souligne Nicolas Delalande. Notamment lors du grand débat sur la création de l'impôt sur le revenu, qui s'ouvrit en 1907, la droite dénonça avec force le caractère inquisitorial et personnel de cette nouvelle taxe, machine de torture destinée à pressurer le citoyen français. Rares étaient à l'époque ceux qui payaient leurs impôts sans rechigner. Aujourd'hui encore, les contribuables qui se félicitent de notre système fiscal sont une minorité. Seuls quelques patrons osent

1. Nicolas Delalande, *Les Batailles de l'impôt*, *op. cit.*

le dire haut et fort : s'ils ont réussi, c'est grâce aux infrastructures, financées par les impôts, dont ils ont pu bénéficier en France. « Les Français se plaignent toujours, mais on a un système de santé qui fonctionne, un système éducatif qui n'est pas parfait mais qui fonctionne et qui est pratiquement gratuit, un réseau autoroutier extraordinaire, des trains qui sont à l'heure même si on râle quand ils ont cinq minutes de retard[1] », rappelle Jean-Paul Legendre, patron d'un groupe de BTP de 1 230 salariés installé à Rennes. Il a quitté l'école à 16 ans, a repris le groupe de son père et l'a développé. Il ajoute : « Dans combien de pays aurais-je pu faire ce que j'ai fait ici, en France, sans tomber dans un système mafieux, sans être corrompu ? La réponse : beaucoup moins de dix pays, et peut-être moins de cinq. » Même son de cloche du côté du très provocateur Xavier Niel, patron de Free. Le 10 octobre 2013, alors qu'il abordait la thématique de la création d'une start-up lors d'une master class à Sciences Po, il a lancé une formule choc devant un auditoire stupéfait : « La France est un paradis fiscal ! » Et d'expliquer que, depuis le 1er janvier 2013, la fiscalité des plus-values est de 23 % inférieure à celle qui se pratique aux États-Unis : « On est dans un pays fantastique, un mélange entre la folie latine et la rigueur anglo-saxonne. Ce n'est pas la peine de prendre l'avion. On peut faire quelque chose en en-

1. Interview publiée dans *Le Journal des entreprises*, édition Ille-et-Vilaine, 1er février 2013.

treprenant ici, à Paris ! » Quelques autres, dont Jean-Marc Gaucher, le patron du célèbre chausseur Repetto, sont sur la même longueur d'onde.

S'ils sont peu nombreux à proclamer ainsi leur amour pour la France et son système fiscal, ces iconoclastes rappellent à leur manière qu'en contrepartie l'État doit assurer des fonctions régaliennes : police, justice, armée, défense nationale et diplomatie. Pour celles-ci, ils acceptent, comme la plupart des Français, de payer des impôts. Si l'on savait d'ailleurs exactement à quelle dépense est affecté chaque euro de nos impôts, le consentement serait sans doute plus facile. En septembre 2013, par exemple, les habitants de Plouagat, petit village breton, n'ont pas hésité à voter un budget spécifique de 1,5 million d'euros pour rénover leur église. Paul Kervarec, le maire, avait prévenu : compte tenu du budget de la commune, ce chantier entraînerait une hausse d'impôts ou une baisse des équipements, probablement les deux. « J'ai toujours connu cette église, j'y ai été baptisée », a raconté Yvette, 81 ans, après qu'un sondage réalisé auprès des habitants eut donné le feu vert au maire pour la restauration. « Même si je n'y allais plus guère, je serais prête à payer plus pour la garder. » Paul Kervarec savait-il qu'en affectant ainsi l'impôt à une dépense spécifique il enfreignait deux sacro-saints principes : l'unité et l'universalité du budget ?

Je ne sais pas pourquoi je paie, et c'est bien normal

Malheureusement, en France, dès qu'un principe est établi, les exceptions se multiplient. En matière budgétaire comme en matière fiscale, réglementaire, etc. Notre pays raffole des cas particuliers, qui rendent les systèmes auxquels ils s'appliquent opaques et rigides. Ainsi, en juillet 2013, le Conseil des prélèvements obligatoires (CPO) – une émanation de la Cour des comptes – a recensé pour l'année 2011 près de 309 taxes représentant 112 milliards d'euros de recettes fiscales affectées. Voilà qui aurait fortement déplu aux révolutionnaires, car elles sont perçues directement par un ensemble hétéroclite d'organismes parapublics allant de Météo France au Centre national du cinéma, en passant par l'Agence de développement de la culture kanak, l'Agence bibliographique de l'enseignement supérieur, les musées et les chambres de commerce ! Au total, ces taxes devraient rapporter 121 milliards d'euros en 2013, une recette considérable. Surtout, elles ont augmenté en moyenne de 6,3 % par an entre 2007 et 2011, contre 1,7 % pour les prélèvements ordinaires, ce qui a poussé les organismes qui en bénéficient à une gestion dispendieuse. « Les bénéficiaires ont eu tendance à mener une politique essentiellement pilotée par le niveau des recettes », a souligné le rapport du CPO. De 2007 à 2012, les dépenses des organismes parapublics financés par des taxes affectées ont progressé de 4,5 % par an, plus vite que celles de l'État (+ 1,2 %). Ce système des taxes affectées, en plus d'être peu démocratique, car il échappe au contrôle du Parlement, a donc provoqué une hausse tranquille mais franche des dépenses publiques.

C'est pourquoi le Conseil des prélèvements obligatoires propose une réforme radicale pour les 214 taxes affectées à des organismes liés à l'État (ceux liés à la Sécurité sociale et aux collectivités locales étant traités à part). Il demande que 80 taxes, représentant 22 milliards d'euros, n'aillent plus aux organismes parapublics, mais alimentent le budget de l'État. Les structures seraient alors financées par des subventions... que le gouvernement et le Parlement pourraient facilement contrôler, donc abaisser. Les autres taxes resteraient affectées, mais seraient plafonnées. Au mieux, si ces propositions s'appliquent, ce ne sera qu'en 2015. Il y a pourtant urgence. « Le pouvoir fiscal est devenu un enjeu pour les multiples centres de décision publics et privés qui forment maintenant le tissu de la société, tandis qu'il est de moins en moins l'attribut d'un pouvoir universel représenté par l'État[1] », écrivent les experts de la Fondafip. Ils estiment même qu'une sorte de dérive vers un nouveau Moyen Âge fiscal est peut-être en train de se produire, avec « une extrême diversité de prélèvements associés à d'innombrables différences de statut ».

1. « Les impôts affectés, quelle légitimité ? », Fondation internationale de finances publiques, février 2013.

Reconstruire une France en ruine

Cette dérive inquiétante ne devrait pas masquer le fait qu'à une situation exceptionnelle peut parfois correspondre un impôt exceptionnel, affecté à une cause précise. Bien comprise par la population, une telle mesure peut avoir des effets salutaires beaucoup plus importants que la reconstruction d'une église de village !

Il nous faut remonter aux lendemains de la Seconde Guerre mondiale. René Pleven, ministre des Finances de novembre 1944 à janvier 1946, a eu plus de chance que le malheureux Étienne de Silhouette. Grâce à l'ordonnance du 15 août 1945, il réussit à instaurer un « impôt de solidarité nationale ». L'essentiel est dit dans la première phrase du texte : « Le relèvement des ruines et la réparation des pillages que la guerre et l'occupation ont imposés à la France exigent du pays un effort financier considérable et de longue haleine. Chaque génération, chaque Français doit prendre sa part d'un fardeau qui ne sera tolérable que s'il est réparti avec équité sur les épaules de tous. » Le dispositif exceptionnel introduit deux mesures qui s'additionnent : un prélèvement sur le patrimoine net au 4 juin 1945, et une contribution sur l'enrichissement entre le 1er janvier 1940 et le 4 juin 1945. Le patrimoine imposable est déclaré par les Français sur la même base que lors d'une succession, ce qui fait dire à André Philip, rapporteur de la commission des finances de l'Assemblée nationale, le 27 mai 1945, que l'ordonnance « suppose, en fait, que tous les Français sont morts et que l'on présume leur succession ouverte ». On n'a pas peur des mots, à l'époque !

Le panorama de cette fiscalité exceptionnelle illustre encore une fois la créativité de l'administration française dans ce domaine. Ainsi, en 1947, une « taxe sur les oisifs » de 50 000 anciens francs (2 739 euros) porte sur « toute personne du sexe masculin [...] qui ne pourra justifier une activité professionnelle susceptible de subvenir à son existence[1] ». Bien sûr, sont exemptés les inaptes, les mutilés, les chômeurs et les étudiants... ainsi que toutes les femmes, considérées comme oisives par nature ! Une fois votée, cette taxe se révèle si difficile à mettre en œuvre qu'elle est abandonnée. Apparaît également une « taxe de compensation sur les locaux insuffisamment occupés », avec des calculs savants sur le nombre de pièces en trop. À noter aussi un « prélèvement exceptionnel de lutte contre l'inflation », introduit en 1948. Il prévoit des taux d'impôt au-delà de certains seuils pour toutes les catégories de revenus, mais surtout stipule que « toute personne physique ou morale passible du prélèvement peut s'exonérer en souscrivant l'emprunt de lutte contre l'inflation », c'est-à-dire l'emprunt 3 % 1948 qui a été émis en plusieurs tranches au cours de cette même année. Autrement dit, vous avez le choix

1. Cf. Henry Laufenburger, *Traité d'économie et de législation financière*, Sirey, 1948.

entre l'impôt et la détention d'un titre d'État à 3 %, alors que l'inflation s'élève à cette période à 13 % tout de même !

Il faut parler aussi des dispositions parafiscales d'un type particulier qui sont venues compléter de manière non négligeable ce dispositif inédit : le « régime fiscal exceptionnel sur les profits illicites ». Ces derniers sont ceux qui « proviennent du commerce avec l'ennemi, du marché noir ou de toute spéculation illicite ». L'ordonnance du 18 octobre 1944 prévoit leur confiscation. Des amendes fiscales seront instaurées par des comités départementaux constitués à cet effet sous l'autorité du ministre des Finances. Ces amendes et confiscations viendront s'ajouter aux recettes exceptionnelles décrites ci-dessus, portant principalement effet sur les années 1946-1949.

Quelle aura été, sur la période 1946-1949, la contribution effective de ces impôts exceptionnels ? Pour répondre à cette question, il faut se tourner vers les comptes définitifs de l'État. L'impôt de solidarité nationale, en cumulé sur les quatre années, aura rapporté 106 milliards d'anciens francs courants ; 75 % de cette somme proviennent des personnes physiques et ont été collectés à hauteur de 80 % en 1946 et 1947. La confiscation des profits illicites rapportera pour sa part 124 milliards de francs courants, et elle aussi concerne essentiellement les ménages.

Pour se faire une idée de ce que représentent ces sommes aujourd'hui, il faut d'abord les transformer en euros 2012. En euros[1], le cumul de ces deux recettes exceptionnelles sur quatre ans s'élève à 18 milliards. Cela pourrait paraître peu, mais il faut remettre ce chiffre en perspective : s'il fallait faire aujourd'hui un effort de même intensité par rapport à la richesse produite (le PIB), il représenterait 144 milliards d'euros ; si d'aventure on voulait proportionner l'effort au poids des dépenses publiques, on obtiendrait 342 milliards d'euros. Rien que ça ! Cette ressource fiscale exceptionnelle, portant essentiellement sur les ménages, a été complétée par le plan Marshall et des emprunts publics. La France, en ruine, a ainsi pu se reconstruire. Sans doute peut-on tirer de cette histoire des enseignements pour sortir le pays de ses difficultés actuelles.

1. Les conversions en euros sont faites année après année, car l'inflation est forte.

2

Frénésie

Une pluie d'impôts sur la classe moyenne

Pierre Poujade et Gérard Nicoud : voici les noms des hérauts de la cause anti-impôts des années 1950 à 1970. Ils plaidaient seulement pour leur chapelle, celle des artisans et petits commerçants, tandis que les autres citoyens, eux, ne protestaient guère. Aujourd'hui, en revanche, la coupe est pleine pour beaucoup de contribuables. Les sondages se suivent et se ressemblent. Dans celui réalisé en octobre 2013[1], 72 % des personnes interrogées jugent excessif le montant de l'impôt. Seule une grosse moitié des sondés considère le paiement de l'impôt comme un acte citoyen participant à l'effort collectif au service de l'intérêt général. Enfin, trois quarts d'entre eux ont le sentiment de verser une contribution supérieure, tous impôts

1. « Les Français et l'impôt », enquête réalisée par Ipsos-CGI pour *Le Monde*, BFMTV et la *Revue française de finances publiques*.

confondus, à la redistribution dont ils bénéficient. Difficile de faire pire bilan. Le consentement fiscal a du plomb dans l'aile…

Même le syndicat majoritaire du ministère des Finances s'en alarme. Solidaires Finances publiques, classé à gauche, a ainsi publié, le 29 octobre 2013, un communiqué fort alarmiste titré : « Graves dangers sur le consentement à l'impôt ». Les signataires du texte soulignent : « Chaque projet fiscal soulève des protestations […]. Nombreux sont ceux qui invoquent le ras-le-bol fiscal de la population pour réclamer l'abandon de certains projets fiscaux qui les touchent. […] Le consentement à l'impôt, pilier de la démocratie, s'affaiblit. »

Que les Français râlent parce qu'ils paient trop d'impôts, ce n'est guère nouveau, dira-t-on. Mais que le ministre des Finances, Pierre Moscovici, se dise très sensible au « ras-le-bol fiscal » ressenti par les citoyens, « qu'ils soient des ménages, des consommateurs ou des entreprises », cela ne manque pas de sel ! C'est pourtant ce qu'il a déclaré avec le plus grand sérieux sur France Inter le 20 août 2013, confirmant l'objectif de « stabilisation des prélèvements obligatoires en 2015 ».

Numéro un des prélèvements obligatoires

Prélèvements obligatoires : l'expression a été utilisée pour la première fois par l'OCDE afin de pouvoir établir des comparaisons internationales. Elle désigne tous les prélèvements opérés par les administrations publiques sur les agents privés et servant à financer les dépenses publiques. Il s'agit d'abord des services de police, de justice, de défense, de gestion de la monnaie ou de politique extérieure de la France, autrement dit des dépenses correspondant aux fonctions régaliennes de l'État. « Dans la plupart des pays européens, les niveaux de ces dépenses sont comparables, même si certains, tels la France et le Royaume-Uni, anciennes puissances mondiales et membres permanents du Conseil de sécurité de l'ONU, consacrent à la défense une part plus importante que la moyenne[1] », explique Jacques Le Cacheux, économiste à l'Observatoire français des conjonctures économiques (OFCE). Les prélèvements obligatoires comprennent aussi des dépenses couvrant les consommations collectives comme l'éducation ou les services de santé, des dispositifs de « solidarité nationale » comme les minima sociaux, et enfin ce que les spécialistes appellent les « cotisations sociales contributives » : elles sont obligatoires et, comme une assurance, ouvrent des droits individuels proportionnés tels que les pensions de retraite, les allocations chômage ou les indemnités maladie.

Ces prélèvements ont dépassé 900 milliards d'euros en 2012 (45 % du PIB) et devraient encore augmenter de 50 milliards d'euros en 2013 (46,3 % du PIB).

1. Entretien avec l'un des auteurs, 10 décembre 2013.

Du jamais vu ! Compte tenu de ces chiffres, le ras-le-bol fiscal se comprend tout de suite mieux. Même les économistes de gauche le reconnaissent, un tel niveau de prélèvements obligatoires, qui ponctionne la moitié de la production annuelle du pays, n'est tenable que si les services publics sont à la hauteur et si le contribuable y voit à peu près clair dans le maquis fiscal. Le fait que personne ne sache très bien ce que veut faire le gouvernement dans ce domaine laisse présager une montée des mécontentements.

La révolte bretonne

Le 29 octobre 2013, Jean-Marc Ayrault, Premier ministre, annonce un « ajournement de l'écotaxe ». C'est la conclusion d'une séquence incroyable qui a vu les Bretons affronter les forces de l'ordre. Une vraie révolte fiscale, violente, puisque l'un des manifestants a eu la main arrachée lors de la manifestation du 26 octobre. L'écotaxe, impôt « écologique » issu du Grenelle de l'environnement de 2009, a pour objet de décourager le transport routier pour favoriser le transport ferroviaire ou fluvial. Pourquoi pas ? Elle a d'ailleurs été votée par les députés à l'unanimité en 2009. Mais, fin 2013, le contexte a totalement changé. Le ras-le-bol fiscal est tel que toute idée de nouvelle taxe devient répulsive. Dès le 11 septembre, un article publié dans *L'Opinion* titre : « L'effroi des députés socialistes devant la grogne fiscale ». L'auteur de l'enquête, la journaliste Nathalie Segaunes, rapporte les propos de certains d'entre eux : « Cela va être un tsunami, ils ne se rendent pas compte, là-haut », prévient Michel Pouzol, député de la troisième circonscription de l'Essonne, qui se sent totalement impuissant. « On est dans une situation prérévolutionnaire. » Un autre parlementaire témoigne : « Ça monte de tous les côtés, on se fait en permanence bousculer dans nos circonscriptions sur le ras-le-bol fiscal et le pouvoir d'achat. » Malek Boutih, lui aussi député PS de l'Essonne, use d'une image comparable pour décrire l'état de l'opinion : « On est dans l'œil du cyclone, observe-t-il. Ça ne gueule pas, les gens ne disent rien, mais c'est un peu comme quand les oiseaux s'arrêtent de chanter juste avant une catastrophe. Là, on a le sentiment que les ruptures sont en train de s'établir. » Une note confidentielle rédigée le 27 septembre par les services du ministère de l'Intérieur sur la base de rapports préfectoraux, et révélée par *Le Nouvel Observateur*, confirme cette inquiétude. « Les élus confient avoir constaté la radicalisation des propos de leurs administrés, qui fustigent un "matraquage fiscal" et une hausse insupportable d'impôts qui financent un système trop généreux », écrivent les préfets. Ils concluent : « La menace de désobéissance est clairement brandie. »

Il n'en fallait pas plus pour que les Bretons se mettent en ordre de bataille au sujet de l'écotaxe en se coiffant de bonnets rouges. C'est en référence à une révolte qui eut lieu en 1675 en réaction notamment à l'obligation, effective depuis 1674, d'utiliser des papiers timbrés pour réaliser un testament, un contrat de vente ou de mariage. Certains eurent beau arguer que les gens préféraient vivre dans le péché plutôt que de payer une taxe pour se marier, rien ne fit plier Louis XIV, qui maintint l'impôt et réprima la révolte dans le sang, particulièrement en Bretagne et en Aquitaine. Il ne faut jamais sous-estimer la violence de l'État quand il s'agit de recouvrer l'impôt !

En 2013, l'écotaxe était aussi un prétexte pour attirer l'attention des pouvoirs publics sur l'état de la filière agro-alimentaire en Bretagne. Licenciements en série, fermetures d'abattoirs : le secteur paie lourdement son manque de compétitivité. Devant la mobilisation des agriculteurs, pilotée par la FNSEA, leur syndicat majoritaire, le pouvoir a reculé. Ne voulant pas jeter d'allumette sur le brasier fiscal, Jean-Marc Ayrault a donc annoncé la « suspension » de l'écotaxe. « Le courage, ce n'est pas l'obstination » : voilà comment le Premier ministre a justifié sa reculade. Pas seulement la sienne, mais aussi celle de notre système démocratique. « On assiste en quelque sorte à une perte de légitimité du Parlement, estime Jean-Marc Daniel, car celui-ci a voté une loi qui est ensuite défaite par la rue. Or le Parlement est né comme expression des contribuables, comme un droit donné à ceux-ci de contrôler l'usage de l'argent public[1]. » « Pas d'impôt sans représentation » a d'ailleurs été

1. Entretien avec l'un des auteurs, 29 novembre 2013.

la règle de base des révolutions anglaise, américaine et française.

Pour bien montrer qu'il ne céderait pas à tous les groupes de pression, François Hollande a dit « non » aux clubs de foot qui voulaient être exonérés de la taxe à 75 %. Cet impôt emblématique de la campagne du candidat, qui aurait dû être le « marqueur » du quinquennat, s'est révélé être une simple baudruche, vite dégonflée. Il fut inscrit pour la première fois dans la loi de finances pour 2013. La nouvelle taxe de 75 % devait s'appliquer à tout contribuable (hors professions libérales) dont la rémunération annuelle excédait 1 million d'euros. Problème : un ménage où chacun des conjoints gagnait 900 000 euros échappait à l'impôt nouveau, tandis qu'un autre où un seul des deux conjoints percevait une rémunération de 1,2 million d'euros se voyait assujetti au prélèvement de 75 % sur l'excédent de 200 000 euros. Un dispositif pour le moins bancal…

Rien d'étonnant alors à ce qu'en pleine trêve de Noël, le 29 décembre 2012, le Conseil constitutionnel décide d'annuler la disposition, notamment parce qu'elle violait le principe fondamental de l'imposition par ménage – et non par individu –, qui sous-tend tout l'édifice de notre impôt sur le revenu. Comment Bercy a-t-il pu laisser passer une telle incohérence ? Mystère… Mais, pour François Hollande, pas question de renoncer à son idée phare. C'est donc le Conseil d'État qui a récupéré la patate chaude. Réponse de la Haute Assemblée : il faut soit réduire le taux de l'impôt laissé au nom du bénéficiaire, soit faire passer la charge sur l'employeur. C'est finalement la deuxième solution qui sera retenue par le gouvernement. Elle ne devrait faire rentrer que 210 millions d'euros dans les caisses de l'État. « La mesure est symbolique, mais elle fait beaucoup parler », explique Dominique Senequier, patronne du fonds Ardian. « Je reviens d'une tournée à Abu Dhabi, Dubaï et Pékin ; partout, j'ai dû répondre à des questions incessantes sur ce sujet. Le problème du déficit de l'État est d'une autre nature que cet impôt[1] ! »

Les soucis du contribuable de base aussi. Car si certains impôts, comme l'écotaxe ou la taxe à 75 %, font beaucoup de bruit, d'autres plus discrets sont bien plus douloureux pour les Français « moyens » et alimentent leur exaspération. Français moyens ? Riches Français ? Voilà des dénominations sur lesquelles personne ne semble être d'accord. À partir de quand doit-on être considéré comme un Français riche ? On peut toujours dire que le riche, c'est celui qui gagne plus que soi, mais c'est un peu court. En janvier 2007, alors qu'il n'est encore que premier secrétaire du Parti socialiste, François Hollande se dévoile et lâche « ses » chiffres. Dans *Le Parisien*, il définit les « riches » comme ceux « qui ont un salaire de plus de 4 000 euros net, soit 5 000 euros brut ». Il précise encore : « Par exemple, cela s'applique pour un couple sans enfant qui aurait au moins 10 000 euros brut par mois. » Depuis, cette

1. Entretien avec l'un des auteurs, 14 octobre 2013.

déclaration lui colle à la peau comme le sparadrap au doigt du capitaine Haddock. Aujourd'hui encore, dès qu'on parle d'impôts, la réplique fuse : « Mais, au fait, il avait dit n'importe quoi, Hollande : à 5 000 euros, on n'est pas riche ! » Eh non, il ne s'était pas trompé. En se plongeant dans les chiffres de l'Institut national de la statistique et des études économiques (Insee) et du Centre de recherche pour l'étude et l'observation des conditions de vie (Crédoc), on retrouve bien ses données. Ce qui nous permet de définir – en actualisant – un « M. et Mme Riches » (110 000 euros de revenus net annuels) et un « M. et Mme Moyens » (49 000 euros de revenus net annuels). Et de voir que les nouveaux impôts décidés par le gouvernement Hollande affectent davantage le couple moyen que le couple riche. En livrant ces chiffres en 2007, le futur président de la République a tendu le bâton pour se faire battre.

L'impôt invisible, mais douloureux

Tous les salariés qui bénéficient d'une complémentaire santé d'entreprise vont payer davantage d'impôts dès 2014. Prenons un salarié dans une entreprise ayant une mutuelle santé complémentaire qui coûte 100 euros par mois, soit 1 200 euros par an. Supposons que cette dépense soit prise en charge à 40 % par lui et à 60 % par l'entreprise, qui cotise donc pour 720 euros par an. Aujourd'hui, cette cotisation de l'employeur n'est ni chargée ni fiscalisée. Désormais, ces 720 euros seront ajoutés au salaire imposable de l'employé ; il paiera donc un supplément d'impôt. Ce supplément ira de 33 à 290 euros selon les tranches de revenu. Par exemple, pour un revenu compris entre 26 631 et 71 397 euros, le supplément d'impôt sera de 194 euros. D'après l'estimation du Haut Conseil pour l'avenir de l'assurance maladie (HCAAM)[1], la mesure rapportera environ 900 millions d'euros par an : une somme ! Et pour cause : ces cotisations de l'employeur concernent une part importante des mutuelles existantes, et 13,2 millions de salariés sont couverts par des contrats dits collectifs, mis en place par les branches ou par les entreprises, avec cette fameuse participation de l'employeur.

Cette manœuvre fiscale a tout d'un gros piège. En effet, elle surgit au moment même où la loi est en train de rendre obligatoire cette « complémentaire santé ». Mutuelle pour tous, impôt pour tous ! Elle constitue également un fâcheux précédent de « fiscalophagie » : pour convaincre le représentant du peuple d'accepter ce nouvel impôt, Bercy a qualifié la participation de l'employeur de « complément de rémunération[2] ». Mais alors, qu'est-ce qui va empêcher désormais de la soumettre aux charges sociales (CSG/CRDS, maladie, retraite, etc.) ? Et même, si l'on pousse la logique,

1. Rapport du 18 juillet 2013 sur « La généralisation de la couverture complémentaire en santé ».

2. Exposé des motifs de l'article 5 du projet de loi de finances 2014.

pourquoi ne pas considérer que la part patronale des cotisations d'assurance maladie, de vieillesse ou encore d'assurance chômage représente aussi un « complément de rémunération », passible d'une réintégration dans le revenu imposable ? Enfin, il faut souligner que cet impôt « invisible » pèse sur les classes moyennes autant que sur les plus aisées. Prenons nos deux couples, M. et Mme Riches et M. et Mme Moyens. Une mutuelle coûte la même chose quel que soit le niveau du salaire. Dans notre exemple, les deux membres du couple travaillent et ont une mutuelle à 100 euros par mois, issue d'un accord collectif prévoyant une participation de 60 % de l'employeur. Le supplément d'impôt représentera 181 euros pour M. et Mme Moyens, soit 0,37 % de leur revenu annuel ; pour M. et Mme Riches, ce sera 388 euros, mais seulement 0,35 % de leur revenu annuel.

Autre mesure discrète, mais douloureuse : celle qui rabote les retraites. L'article 5 de la loi de finances 2014 stipule, sous l'intitulé « Suppression de l'exonération d'impôt sur le revenu des majorations de retraite ou de pension pour charges de famille » : « Le 2 *ter* de l'article 81 du Code général des impôts est abrogé. » C'est tout. Or depuis 1945, date de la création du régime général de la Sécurité sociale, un volet de la politique familiale prévoit des majorations de pension pour les assurés (hommes comme femmes) qui ont élevé au moins trois enfants. Ces majorations sont significatives : le taux standard est aujourd'hui de 10 % pour trois enfants et plus, et, pour les familles très nombreuses (cinq, six ou sept enfants), le complément peut constituer 20, 25, voire 30 % de la retraite !

Combien de personnes sont concernées et que va rapporter l'impôt nouveau ? Selon le rapport de la commission des finances du Sénat, seuls 3,8 millions de retraités paieront cet impôt nouveau, les autres n'étant pas fiscalisés. Les montants estimés de recettes supplémentaires pour le budget de l'État sont tout de même de 1,2 milliard en 2014, allant vers 1,7 milliard en 2040. On pourrait dire qu'il est normal de viser les retraités, certains ayant un meilleur niveau de vie que les actifs. Peut-être, mais pourquoi concentrer brutalement l'effort sur ceux qui ont élevé des familles nombreuses et qui contribuent le plus au financement du sacro-saint régime de retraite par répartition ? Voilà de quoi alimenter chez eux un fort sentiment d'injustice.

Faites des enfants, pas des impôts !

Ce tableau ne serait pas complet si nous n'évoquions pas le rabotage du quotient familial, ce mode de calcul qui permet aux couples ayant des enfants de payer moins d'impôts que ceux qui vivent à deux ou les célibataires. Il s'applique à 7,6 millions de contribuables, les ménages avec un ou deux enfants représentant 65 % de cette population. Son plafonnement, qui est déjà passé de 2 336 à 2 000 euros en 2013 (impôt sur les revenus 2012), concerne 1,8 million de ménages. Le gouvernement socialiste a décidé de l'abaisser encore pour atteindre 1 500 euros. Cette baisse devrait toucher un million de contribuables supplémentaires. En moyenne, le supplément d'impôt serait de 816 euros par an. Et la mesure doit rapporter 1,03 milliard d'euros en 2014.

A priori, cette mesure est très populaire à gauche : le quotient familial ne bénéficie qu'aux personnes payant l'impôt sur le revenu, donc aux riches. De plus, si vous gagnez le smic avec trois enfants, le fait de diviser votre revenu imposable par quatre pour le calcul du taux d'imposition sur le revenu ne va pas changer grand-chose à votre train de vie. En revanche, si vous avez un bon salaire, le quotient familial fera baisser significativement votre taux d'imposition. CQFD : un enfant de riches coûte plus cher à l'État qu'un enfant de pauvres... Le bénéfice de la mesure vient du fait que l'impôt sur le revenu est progressif ; il y a donc une grille avec des seuils. Supposons que le revenu imposable soit de 63 000 euros. (Ce montant n'est pas choisi au hasard : selon la définition de François Hollande, ce n'est pas un revenu de « ménage riche » !) Si vous êtes seul, la grille va s'appliquer directement aux 63 000 euros ; si vous êtes en couple, que les deux conjoints travaillent ou non, on divise par deux le revenu (31 500 euros) avant d'appliquer la grille[1], puis on multiplie par deux

1. Certains appellent cela le « quotient conjugal » ; c'est le principe selon lequel la capacité contributive pour payer l'impôt tient compte, face à sa progressivité, du fait que l'on est deux à loger, nourrir, soigner, etc., qu'il y ait ou non deux salaires.

le résultat pour calculer l'impôt, qui sera de 7 704 euros. Si vous avez deux enfants, chacun est compté pour une demi-part[1]. On fait donc le même calcul en divisant le revenu par trois (21 000 euros). L'impôt sera alors de 4 803 euros. Si l'on compare la situation du couple sans enfant et celle du couple avec enfants, on voit bien le bénéfice théoriquement tiré du quotient familial : ici, 7 704 – 4 803 = 2 901 euros. C'est ce bénéfice qui, déjà plafonné à 2 000 euros, va baisser à 1 500 euros. « Il n'y a pas que les riches qui font des enfants », avait déclaré François Hollande il y a des années. Non, effectivement, les classes moyennes en font aussi et, une fois de plus, c'est elles qui sont pénalisées.

Le principe qui sous-tend le mode de calcul du quotient familial est assez simple : le niveau de vie d'une famille diminue avec le nombre d'enfants. Il n'est donc pas équitable qu'à revenu égal une famille avec enfants paie autant qu'une famille sans enfant. Le quotient familial cherche donc à établir une équité horizontale entre contribuables. Henri Sterdyniak, économiste à l'OFCE et peu suspect d'être favorable aux « riches », le formule à sa façon : « Ce sont les classes moyennes qui connaissent la perte de pouvoir d'achat relative la plus forte en élevant des enfants. Faut-il une réforme qui diminuerait encore leur situation relative[2] ? » À

1. À partir du troisième enfant, chaque enfant supplémentaire est compté pour une part.

2. « Pour défendre le quotient familial », étude OFCE, 11 janvier 2012.

l'opposé, Philippe Marini, sénateur UMP, préconise la suppression de toutes les niches fiscales à l'exception du quotient familial, qui, pour lui, n'est pas une niche, mais une règle de calcul.

L'assommoir fiscal

Tous les Français vont aussi être touchés par les hausses des impôts indirects, ponctionnés dans la vie de tous les jours. L'augmentation de la TVA en fait partie. Depuis le 1er janvier 2014, les Français absorbent une hausse de 7 à 10 % du taux intermédiaire et de 19,6 à 20 % du taux normal. Les taxes sur le tabac contribuent également à faire baisser le pouvoir d'achat : depuis que François Hollande a été élu, le paquet de cigarettes a augmenté de 80 centimes. Les prix de la bière, des timbres, des boissons énergisantes (comme le Red Bull) croissent à cause de la fiscalité.

N'en jetez plus ! La droite se déchaîne, dénonçant un « matraquage fiscal insupportable » ou encore un « assommoir fiscal ». Mais l'opposition a la mémoire courte. Ainsi, c'est à la droite que l'on doit l'écotaxe, le gouvernement de François Hollande s'étant contenté d'essayer de l'appliquer. Et le gouvernement de Nicolas Sarkozy a lui aussi eu la main lourde en matière d'impôts (voir la chronologie en fin d'ouvrage). *Le Monde* a fait le calcul : en tout, 84 impôts ont été créés par Nicolas Sarkozy et François

Hollande entre 2011 et 2013. Le premier choc a été l'œuvre du président de droite, qui a augmenté les impôts de 16,2 milliards d'euros, puis de 11,7 milliards en 2012. François Hollande, lui, a ajouté 7,6 milliards d'impôts dès l'année de son élection et poursuivi sur sa lancée en 2013 avec plus de 20 milliards d'euros d'augmentation[1].

Les Français, qui paient de plus en plus d'impôts, ont de moins en moins le sentiment d'« en avoir pour leur argent ». Par exemple, pour l'éducation de leurs enfants. L'école républicaine ? Elle a du plomb dans l'aile. Le 3 décembre 2013 ont été dévoilés les résultats de la grande enquête PISA (Programme international pour le suivi des acquis des élèves), réalisée tous les trois ans par l'OCDE. Elle mesurait le niveau, en 2012, des élèves de plus de 15 ans. Que la France décroche en maths dans le classement des pays de l'OCDE, passe encore, puisqu'elle s'améliore en « compréhension de l'écrit ». Mais le plus choquant est cette autre conclusion de l'étude : le système d'éducation français est plus inégalitaire en 2012 qu'il ne l'était auparavant. Malgré les moyens affectés, le recrutement de nouveaux professeurs, un budget toujours en augmentation et le plus important de tous (il sera de 64,9 milliards d'euros en 2014), les résultats sont de plus en plus mauvais. La politique du logement aussi est catastrophique. François

1. « Sarkozy-Hollande : 84 nouveaux impôts en deux ans », *Le Monde*, 4 septembre 2013.

Hollande avait fait une promesse : construire 500 000 nouveaux logements par an. En 2013, seuls 330 000 sont sortis de terre. Finalement, on a l'impression de ne payer des impôts que pour rembourser les intérêts de la dette publique : 46,6 milliards d'euros prévus au budget pour 2014. « Les Français estiment que cette dette n'est pas la leur, juge Jean-Marc Daniel. Ils ne veulent pas faire d'efforts supplémentaires pour la rembourser[1]. » C'est pourtant ce qu'on leur demande tous les jours !

Héritiers d'une longue tradition, nos politiques, de gauche ou de droite, sont sans aucun doute partisans de la théorie de l'« inertie fiscale » formalisée par l'économiste américain Richard Rose. « L'objectif pour les décideurs publics est de maximiser le rendement fiscal en minimisant les coûts politiques, donc d'éviter les réformes fiscales », explique Marc Leroy, spécialiste de la sociologie fiscale. « Le recours à l'emprunt sera préféré à la réforme fiscale ou à la diminution des dépenses[2]. » On se retrouve ainsi avec des dépenses publiques non couvertes par les prélèvements obligatoires. Donc un déficit, et une dette qui grossit. Ne reste plus alors qu'à augmenter les impôts en s'efforçant de ne pas provoquer de remous sociaux. C'est de moins en moins facile, mais il serait illusoire de penser que le gouvernement en restera là, compte

1. Entretien avec l'un des auteurs, 29 novembre 2013.

2. Marc Leroy, *Regards croisés sur le système fiscal*, L'Harmattan, 2005.

tenu de notre niveau d'endettement. En 1789, Benjamin Franklin posait déjà la bonne question : « Hélas, qu'y a-t-il de certain dans ce monde, hormis la mort et l'impôt ? »

3

Silence, on tond !

TVA, CSG : des impôts masqués qui rapportent gros

Quel est l'impôt qui rapporte le plus à l'État ? Voici le top 4 prévu pour 2014 : 1) la TVA, avec 191,5 milliards d'euros ; 2) la CSG/CRDS, avec 100,4 milliards d'euros ; 3) l'impôt sur le revenu des ménages, avec 80,3 milliards d'euros ; 4) l'impôt sur les sociétés, avec 62,9 milliards d'euros.

Champion toutes catégories, donc, la taxe sur la valeur ajoutée (TVA). On doit à Maurice Lauré, un haut fonctionnaire devenu président de la Société Générale, cette belle invention fiscale. Voilà une preuve supplémentaire du génie français en la matière. En majorant le prix du produit offert à la consommation, puis en demandant le versement du montant ainsi collecté par le contribuable, déduction faite de cette même taxe payée à la production, l'État ne frappe que la « valeur ajoutée », minimise le coût de recouvrement et détend la trésorerie des entreprises. L'idée était géniale. Présentée dans un rapport publié en 1952, elle fut introduite deux ans plus tard grâce à la clairvoyance d'Antoine Pinay, ministre de tutelle de Maurice Lauré. Certes, des critiques s'élevèrent pour dénoncer le poids que cette mesure faisait peser sur le pouvoir d'achat des ménages et son caractère fortement pro-cyclique (en période de crise, la consommation baisse et les ressources tirées de la TVA aussi). Rien, néanmoins, ne put entraver le développement de cet impôt et son adoption dans tous les pays européens.

Aujourd'hui, quatre taux sont en vigueur en France : le taux normal, qui est passé à 20 % le 1er janvier 2014 ; un premier taux réduit, désormais à 10 % (produits agricoles non transformés, bois de chauffage, livraison de logements sociaux, transport de voyageurs, restauration…) ; un deuxième taux réduit, qui reste à 5,5 % (produits alimentaires, équipements et services pour handicapés, gaz et électricité, cantines scolaires, livres…) ; enfin, un taux particulier de 2,1 % (presse, médicaments remboursés par la Sécurité sociale, redevance TV…).

La TVA, le tondeur invisible

L'intérêt majeur de la TVA, comme des cotisations sociales, c'est d'être « invisible ». Tout le monde la paie, même le bénéficiaire de minima sociaux, non redevable des impôts directs, lorsqu'il entre dans une boulangerie. Il ne se doute pas que, ce faisant, il pénètre dans une véritable jungle fiscale. Sur le pain comme sur les viennoiseries, le taux est de 5,5 %, sauf s'ils sont consommés sur place : on passe alors à 10 %. Les confiseries (calissons d'Aix, nougats, berlingots, dragées, caramels, fruits confits ou pâtes de fruits) sont soumises au taux de 20 %. Le chocolat au lait, le chocolat blanc et le chocolat fourré sont taxés à hauteur de 20 % s'ils ne sont pas vendus sous forme de bonbons (dimension maximale de 5 centimètres et masse n'excédant pas 20 grammes). Le chocolat noir et les bonbons, eux, sont taxés à 5,5 %. Sur les crêpes sucrées ou salées, c'est 10 %. Maurice Lauré lui-même n'en reviendrait sûrement pas.

La TVA est en fait utilisée pour orienter la consommation en tordant le système des prix relatifs. L'idée est intéressante, mais la logique qui sous-tend le choix du taux n'est pas toujours facile à comprendre. Prenons, au hasard, les différentes prestations fournies lors des obsèques, en particulier le port du cercueil. Tous les transports par véhicule relèvent du taux de 5 %. À dos d'homme ou avec la force des bras et des jambes (les porteurs), c'est le taux de 20 % qui s'applique. Comme l'écrit avec humour Patrick de Fréminet, fiscaliste chevronné et qui fut notamment le numéro deux du Service de la législation fiscale (SLF) : « Une solution consisterait à placer le cercueil sur un chariot à la porte de l'église et à laisser le soin à la famille de le pousser jusque devant l'autel, puis à l'en ramener après la fin de l'office des morts. » Ou à appliquer le taux réduit à l'ensemble de la prestation, ou, mieux encore, à ne rien taxer du tout. « Ce qui permettrait, conclut l'auteur, de réaliser la continuité du fil de la vie, puisque nous naissons à taux zéro[1]. » La doctrine fiscale ne s'embarrasse pas de philosophie.

Un tour de carrousel

Si la TVA avait pour seul défaut cette multiplication de taux confinant parfois à l'absurde, Maurice Lauré, mort en 2001, pourrait reposer tranquille. Mais il y a plus grave. Cet impôt, comme son inventeur le craignait, est massivement fraudé. En septembre 2013, la Commission européenne a publié un rapport sur le sujet dans lequel elle chiffre le manque à gagner pour la France dû à la fraude à la TVA à 32 milliards d'euros en 2011. Pierre Moscovici a réagi en avançant le chiffre de 10 milliards d'euros. Bercy, on s'en doute, a intérêt à minorer le phénomène.

La tentation est grande, pour les personnes mal intentionnées, de facturer la TVA sur des marchandises vendues sans la reverser ensuite au fisc, puis de faire tourner plusieurs fois lesdites marchandises. C'est la fraude dite « du carrousel ». Elle s'est développée grâce à une disposition fiscale qui prévaut dans l'espace communautaire, en vertu de laquelle une entreprise qui exporte vers un pays de cet espace ne facture pas la TVA ; c'est l'entreprise qui importe qui la paie

1. Patrick de Fréminet, « La TVA entre la vie et la mort », *Les Nouvelles Fiscales*, n° 1037, janvier 2010.

dans le pays où elle est installée. L'objectif est d'éviter de créer une distorsion de concurrence entre des pays pratiquant des taux de TVA différents. Maurice Lauré avait très tôt anticipé les risques que ce système faisait courir, et tenté d'alerter l'administration fiscale et les gouvernements de l'époque. « Je me suis épuisé durant les années 1989 à 1992 à signaler que la TVA est une taxe qui ne peut se passer des frontières, de telle sorte qu'elle serait énormément fraudée à partir du 1er janvier 1993, a-t-il expliqué. C'est une folie de supprimer les contrôles aux frontières tant que les TVA européennes ne sont pas unifiées[1]. » Pour Lauré, c'était clair : sur le plan de la fiscalité, la création en 1993 de l'espace Schengen, qui abolissait les frontières et rendait inutiles les douaniers, ferait une victime collatérale : la TVA. Il avait manifestement raison.

Dans ce royaume sans frontières, le fraudeur est roi. Il établit une société bidon A dans un pays de l'Union européenne – par exemple, la France. Cette société A va acheter un bien à la société B dans un autre pays de l'Union – par exemple, la Belgique. L'entreprise A vend ensuite le bien à la société C, elle aussi établie en France. Cette fois, le prix est majoré de la TVA, puisque l'échange se fait en France. Alors que A devrait rendre à l'État la TVA qu'elle a collectée sur C, elle la conserve et disparaît dans la nature. On parle alors de TVA éludée. Mais ce n'est pas fini. La société

1. Denys Brunel, *La TVA. Invention française, révolution mondiale*, Eyrolles, 2012.

C va revendre le bien sur lequel elle a payé la TVA à un autre pays européen, donc hors taxe à nouveau. Elle se retrouve donc créditrice de TVA et peut demander le remboursement à l'État. Un remboursement légal sur le plan fiscal, mais qui couvre un système d'escroquerie. Il y a une double perte pour le fisc : la TVA éludée et celle que l'État rembourse alors qu'il s'agit de transactions « fictives ». Tout l'art des fraudeurs est de faire tourner le carrousel à plusieurs reprises entre A, B et C, toutes complices, avant qu'il y ait un contrôle TVA. Ces fraudes à la TVA concernent en général des produits à forte valeur ajoutée, de petit volume (puisqu'il faut les faire tourner) et chers (puisque le montant de la TVA est en rapport avec le prix), comme les téléphones portables ou les cartouches d'imprimante. « Dernièrement, raconte le juge Guillaume Daïeff, ceux que l'on appelle les carrousélistes ont investi le domaine des produits immatériels. En interrogatoire, certains m'ont expliqué que ces biens étaient un vrai bonheur pour eux, car il n'y a pas besoin de les stocker ni de les transporter, il suffit d'un clic[1] ! »

Quand pollueur rime avec fraudeur

Les fraudeurs ont ainsi jeté leur dévolu sur les crédits carbone, créés en 1997 par le protocole de Kyoto. Il s'agissait de permis de polluer alloués aux

1. Audition devant le Sénat, 22 mai 2012.

entreprises, qui pouvaient les négocier sur un marché, les « gros pollueurs » en achetant aux « bons élèves », plus respectueux de l'environnement. La fraude a été monumentale. Elle a fait perdre à la France entre 1,5 et 1,8 milliard d'euros de recettes fiscales de 2008 à 2009. Même punition pour le Royaume-Uni. La facture a été de 1 milliard pour le Danemark et l'Allemagne sur la même période. On achetait ces « droits à polluer », qualifiés de quotas, sur un marché financier dénommé Bluenext. Une aubaine pour les fraudeurs, car ces produits financiers étaient dématérialisés et, en quelques clics depuis une chambre d'hôtel, le tour était joué. Le fraudeur achète des quotas de carbone à une entreprise installée à l'étranger et les revend aussitôt à une société hexagonale en majorant le prix de la TVA, soit 19,6 %, exigible en France. L'acheteur le règle immédiatement par virement, le plus souvent dans un paradis fiscal. Le vendeur disparaît alors sans reverser le montant de cette TVA au fisc français. Comme le nom de la société acheteuse est bidon, son adresse une simple boîte aux lettres et l'argent parti dans les paradis fiscaux, il est quasi impossible de la retrouver. Ces fraudes entraînent des mouvements financiers très importants sur les comptes bancaires. « Les carrousélistes ne font pas leurs affaires sur les comptes bancaires français des sociétés, mais ils ouvrent des comptes dans des pays comme Hong Kong, Chypre ou certains pays baltes », souligne Guillaume Daïeff.

Quelques pays ont pourtant réussi à endiguer ce fléau. Le gouvernement britannique, toujours pragmatique, s'est rendu compte un jour que son pays exportait massivement des téléphones portables alors qu'il n'en produisait pas… Une unité de coordination travaillant avec quatorze catégories d'acteurs de l'administration a été mise en place fin 2006. Efficace : alors que la fraude aux carrousels était réputée coûter de 3 à 4 milliards de livres par an en 2005-2006, le manque à gagner serait compris aujourd'hui entre 500 millions et 1 milliard de livres. Plus spectaculaire encore, la Belgique, s'attaquant au problème dès 2000, a ramené la fraude à 18 millions d'euros, alors qu'elle était évaluée à 1,1 milliard d'euros en 2001. Ces méthodes chocs ont porté leurs fruits : détection précoce d'abord, les interventions en amont évitant le pillage du Trésor – car plus le carrousel est bref, moins le préjudice est élevé ; pénalisation sévère ensuite. En France également, un arsenal législatif anti-carrousels a été adopté en 2006, renforcé en 2012 ; ces mesures ne semblent guère avoir d'effet, puisque l'État perd 10 milliards d'impôts chaque année.

L'imagination des tricheurs est sans limite. Le commerce en ligne, par exemple, est devenu leur eldorado. La fraude fiscale dans ce secteur coûte chaque année plusieurs milliards d'euros à l'État sous forme de manque à gagner, selon un rapport du Sénat[1]. Ses auteurs rappellent que plus de deux Français sur trois achètent régulièrement en ligne, pour un chiffre

1. « Les douanes face au commerce en ligne : une fraude fiscale importante et ignorée », rapport de la commission des finances du Sénat, 5 novembre 2013.

d'affaires annuel de 45 milliards d'euros. Le problème, expliquent-ils, vient du fait que « le calcul des droits et taxes à l'importation repose sur un régime purement déclaratif », ce qui facilite les fraudes, puisqu'il est « impossible d'ouvrir chaque colis pour vérifier la valeur des marchandises ». Ils citent l'exemple d'une société chinoise qui déclare aux douanes françaises une valeur de 20 centimes pour des chargeurs de téléphone portable et de 10 centimes pour des kits mains libres, soit un montant total de 260 euros seulement pour quelque 850 accessoires pour smartphones... De même, poursuit le rapport, « les fraudes à la TVA ou le nombre de professionnels se faisant passer pour des particuliers sur des sites de vente sont impossibles à connaître », et l'administration se trouve démunie dès lors que le site Internet est hébergé à l'étranger. La faiblesse des redressements intervenus en fret express et en fret postal constitue en tout cas un indicateur éloquent : 5,5 millions d'euros seulement ont été redressés à Roissy en 2012 sur 1,3 milliard de droits et taxes collectés. La conclusion des sénateurs est sans appel : l'e-commerce représente un « formidable gisement de ressources fiscales », inexploité faute d'instruments juridiques et de priorité politique.

La CSG ou l'« effet fiscool »

Autre impôt fort rentable et discret, la contribution sociale généralisée (CSG). Comme la TVA, elle est payée par tout le monde. Comme la TVA, c'est une invention française. Prélevée à la source, elle est en principe indolore. Si elle est de création récente (1991), elle rapporte gros et se retrouve souvent sous les feux de l'actualité. Dès qu'on évoque les grands choix fiscaux ou une réforme fiscale, on parle de la CSG : vaut-il mieux une hausse de la TVA ou une hausse de la CSG ? Faut-il fusionner la CSG avec l'impôt sur le revenu ?

La trajectoire de cet « objet fiscal non identifié », comme l'appellent certains députés, n'est pas banale. Lorsqu'on tente d'identifier sur quoi la CSG est prélevée et à quoi elle est affectée, on s'aperçoit qu'elle pourrait aussi être désignée comme le « couteau suisse de l'impôt » : une lame (7,50 %) sur les salaires, une lime (6,2 %) sur les indemnités journalières et de chômage, une râpe (6,60 %) sur les retraites, une scie (8,20 %) sur les revenus du patrimoine, et des ciseaux (9,50 %) sur les gains aux jeux. Pour les affectations, c'est pareil : cet impôt ne va pas dans le budget de l'État, mais est affecté aux dépenses sociales. La moitié du total finance la branche maladie du régime général de la Sécurité sociale ; une partie alimente la branche famille de ce même régime, une autre le régime des salariés agricoles, une autre celui des non-salariés agricoles, une autre celui des non-salariés non agricoles, une autre le Fonds de solidarité vieillesse (FSV), une autre la Caisse d'amortissement de la dette sociale (CADES) et la Caisse nationale de solidarité pour l'autonomie (CNSA)… C'est dire si ce montage fiscal est lisible et compréhensible ! « Quand c'est flou, c'est qu'il y a un loup », disait Martine Aubry. En réalité, il y a une meute.

La CSG est née en 1990 lorsque le gouvernement de Michel Rocard, déjà confronté aux dérives des dépenses sociales et conscient que les ajustements par les recettes ne pouvaient plus se faire uniquement *via* les cotisations sur les salariés actifs, eut l'idée de créer un impôt sur une base plus large. L'assiette comprenait donc les salaires, les indemnités chômage, les retraites et les revenus du patrimoine. Cette mesure s'inscrivit dans le projet de loi de finances 1991, discuté à l'Assemblée nationale à partir du 15 novembre 1990. Le débat fut extrêmement houleux, à tel point que le gouvernement – auquel s'opposait, en la circonstance, le Parti communiste – dut recourir au fameux article 49-3 de la Constitution, engageant sa responsabilité sur les articles 92 à 99 du projet de loi de finances 1991 qui créaient la CSG. Cela conduisit à une motion de censure, dépouillée le 19 novembre tard dans la nuit sous la présidence de Laurent Fabius : il ne lui manqua que 5 voix (284 pour une majorité requise à 289) pour être adoptée. Il aurait suffi que les partis de l'opposition (RPR, UDF, UDC et PC) fassent le plein de leurs voix pour que le projet de loi soit rejeté. À l'époque, au moins, les députés jouaient leur rôle et ne laissaient pas passer un nouvel impôt comme une lettre à la poste.

Depuis son adoption au taux de 1,1 % en 1991, ce nouvel impôt sur les ménages n'a fait que croître et embellir. En 1993, son taux passe à 2,4 % sous le gouvernement d'Édouard Balladur. En 1996, la famille s'agrandit avec la naissance d'une petite sœur, la contribution pour le remboursement de la dette sociale (CRDS), à 0,5 %[1] – dette sociale qui continue d'augmenter. La CSG passe à 3,4 % en 1997 sous le gouvernement d'Alain Juppé, puis à 7,5 % en 1998 sous Lionel Jospin. Désormais, le nouvel impôt CSG/CRDS ponctionne 8 % de l'ensemble des revenus des ménages, ce qui représente près de 100 milliards d'euros de recettes, à raison de 12 milliards d'euros par point de taux. Le jackpot !

Si la CSG n'est pas fraudée comme la TVA, sa nature reste ambiguë. Le 15 novembre 1990, Michel Rocard commence son intervention devant l'Assemblée nationale par ces mots : « La contribution sociale généralisée est donc un impôt [...] car elle pèse sur l'ensemble des revenus sans contrepartie de prestation. » Ce point de vue historique, confirmé à l'époque par le Conseil constitutionnel, n'a pas empêché la Cour de justice européenne, en 2008, de considérer que la CSG fait partie des cotisations sociales. C'est compréhensible, puisqu'elle est affectée en totalité aux dépenses sociales. Cette ambiguïté se traduit concrètement dans les présentations budgétaires : bien qu'étant un impôt, la CSG n'apparaît pas dans les recettes de l'État (aucune trace dans le projet de loi de finances 2014). Dans le projet de loi de financement de la Sécurité sociale, on ne trouve pas non plus d'analyse de ce que finance la CSG. Au passage, notons que la loi de finances 2014

1. En principe, jusqu'en 2017 seulement.

prévoit des augmentations d'impôt (baisse du quotient familial) ou de nouveaux impôts (sur la cotisation employeurs de la mutuelle) dont les recettes vont être transférées au financement de la Sécurité sociale. Ce qui est gênant, c'est l'absence de vision d'ensemble : quelles dépenses sociales l'impôt assume-t-il ? Est-ce prioritaire par rapport aux autres affectations de l'impôt ? Qu'est-ce qui relève des cotisations sociales ?

Pour le Parti communiste, qui avait failli bloquer l'adoption de la CSG en 1990, pas question d'étatiser le financement de la Sécurité sociale grâce à ce nouvel impôt. Le député communiste Georges Hage soulignait ainsi : « Ni sociale ni moderne, la CSG n'est pas inévitable. La véritable modernité, c'est un système de protection sociale géré avec les assurés eux-mêmes. Quand on est salarié ou retraité, on parle de "notre sécurité sociale". Vous allez au contraire dans la voie de la dépossession et de l'étatisation. » Très en verve, il poursuivait : « Les députés communistes [...] refusent que ce qui doit relever des assurés eux-mêmes obéisse à une logique de fiscalisation. La contribution sociale généralisée est un impôt : impossible de finasser ! – Vous êtes contre les impôts, maintenant ? » lui lança alors le député François Hollande, jamais loin lorsqu'il s'agit de fiscalité. Les partis de droite et du centre ne divergeaient pas tant que cela du PCF concernant ce distinguo, même s'ils défendaient bien sûr d'autres orientations en termes de dépenses. Rappelons à ce propos que c'est en 1991 que la part des dépenses publiques dans le PIB a franchi la barre des 50 %… La CSG a contribué avec brio à la dérive de notre État-providence.

Une autre ambiguïté entache cette taxe hybride : sur les 8 %, 2,4 % ne sont pas déductibles du revenu imposable. Pour parler clair, même si ces 2,4 % de CSG ont été prélevés, leur montant est rajouté au revenu, puis soumis à l'impôt, devenant une sorte d'impôt sur l'impôt – un « double effet fiscool », pourrait-on dire. À sa création, le prélèvement de 1,1 % de CSG n'était pas déductible. Lors du débat de novembre 1990, Michel Rocard justifia ainsi la non-déductibilité de la CSG : « C'est ce qui fonde sa légère progressivité par rapport au revenu disponible et donc son caractère de justice sociale. Chacun paiera dorénavant les charges de solidarité nationale en fonction de son revenu. » Un impôt progressif, donc, mais pas trop. Autre problème : bien que prélevée sur les ménages, la CSG ignore la politique familiale. Au cours de ce même débat, une députée « militante familiale » s'adressa en ces termes à Michel Rocard : « Monsieur le Ministre, le principal défaut de votre projet de CSG est sans nul doute d'ignorer et même de pénaliser les familles. […] Pourquoi ne pas avoir prévu un système de quotient familial, à l'instar de ce qui existe pour l'impôt sur le revenu ? » S'ensuivit une discussion animée dans laquelle intervint une fois de plus François Hollande, qui lança sa formule prémonitoire déjà citée : « Il n'y a pas que les riches qui ont des enfants ! » Déjà, le futur président de la République était contre le quotient familial…

4

Plafond de verre fiscal

Le matraquage des PME

En novembre 2013, le cabinet d'audit PWC et la Banque mondiale ont publié une étude fort intéressante comparant les charges qui pèsent sur une société type de taille moyenne dans 189 pays[1]. Avec un taux de 64,7 % de leur résultat d'exploitation (impôts, taxes et charges sociales), les entreprises françaises arrivent deuxièmes de ce classement peu glorieux, derrière leurs concurrentes italiennes, qui subissent un prélèvement de 65,8 %. La France est à des années-lumière de la moyenne de la zone Europe et de l'AELE (Association européenne de libre-échange). Celle-ci dépasse à peine 41 %, grâce à la fiscalité *light* de huit pays particulièrement peu agressifs à l'égard de leurs entreprises. Ainsi, en Croatie, au Luxembourg, à Chypre, en Irlande, au Danemark, en Bulgarie, en Suisse et

1. PWC, « Paying Taxes 2014 », http://www.pwc.fr/paying-taxes-2014.html.

en Islande, le taux d'imposition total est inférieur à 30 %, ce qui confère à leurs sociétés un solide avantage comparatif. Au niveau mondial, la taxation des entreprises est à peine supérieure à la moyenne européenne, puisqu'elle atteint 43,1 % du résultat. De surcroît, précise l'étude, « la France a le taux de charges sociales le plus élevé d'Europe (51,7 %), suivie par la Belgique (50,3 %) et l'Italie (43,4 %) ». « Le poids de notre modèle social, qui repose trop sur les entreprises, est unique en France ; seule l'Italie est plus défavorable », confirme Laurent Bataille, PDG de Poclain Hydraulics, qui emploie près de 2 000 salariés dans dix-sept pays. « En 2011, le total des impôts et taxes dans notre pays a représenté 3,77 millions d'euros, soit 47 % du total payé dans le groupe, alors que la part de la France dans l'activité du groupe n'était que de 34 %. Hors crédit d'impôt recherche, ce chiffre passe à 59 %[1]. »

Prenons un cas encore plus spectaculaire : un entrepreneur plus petit, non salarié, propriétaire de sa très petite entreprise (TPE) et qui se rémunère en dividendes. Il facture à son client une prestation, par exemple de 12 000 euros. Pour les besoins de la démonstration, plaçons-nous d'abord dans un monde sans impôts. Notre petit patron décide de placer cette somme sur vingt ans pour sa retraite. La valeur de

1. Interview publiée dans « Compétitivité des entreprises : et si on commençait par la fiscalité ? », étude réalisée par la Fondation iFRAP et l'Asmep-ETI, octobre 2012.

cette somme actualisée en euros d'aujourd'hui représente un pouvoir d'achat de 14 586 euros[1]. Revenons dans la réalité et appliquons maintenant les prélèvements existants : TVA à 20 % ; impôt sur les sociétés plus cotisation sur la valeur ajoutée des entreprises (CVAE) à 35 % ; taux marginal de l'impôt sur le revenu à 30 % ; prélèvements sociaux sur revenus financiers des placements à 15,5 %. Le même calcul actualisé donne un pouvoir d'achat en euros actuels de... 3 441 euros ! Si notre entrepreneur était à l'ISF au taux de 1 %, les prélèvements supplémentaires feraient tomber ce pouvoir d'achat à 2 118 euros. Le résultat est accablant ; c'est ce que l'on appelle une fiscalité « dissuasive ». En effet, on se demande quel intérêt peut avoir cet entrepreneur à fournir cette prestation supplémentaire...

Les entreprises écrasées

Aujourd'hui, pas moins de 153 taxes frappent directement ou indirectement les entreprises. État, collectivités locales, tout le monde se sert allégrement. Le tout constitue, comme le souligne une étude au vitriol sur le sujet, un « système hétéroclite, souvent contradictoire et résultant d'un empilement historique, devenu incohérent, sans aucun souci de logique ni

1. Calcul effectué par un conseil en protection sociale pour le compte des auteurs.

d'appréciation quant au résultat[1] ». Cotisation foncière, sur la valeur ajoutée, taxe des chambres consulaires, contribution sociale de solidarité, auxquelles s'ajoutent les taxes foncières, le versement transport, les taxes sur l'apprentissage, pour la formation, sur les surfaces commerciales, sur les activités polluantes, et bien d'autres encore. « Tout le monde pense que la vignette [automobile] a été supprimée, mais ce n'est pas vrai pour les véhicules de société, et les montants sont loin d'être négligeables. Le barème est fixé en fonction de la puissance fiscale du moteur et s'étend de 750 à 4 500 euros par an », rappelle Bruno Grandjean, qui, outre son mandat de conseiller municipal, est le patron de Redex, une PME performante spécialisée dans la mécanique de précision.

Le 27 septembre 2013, lors de la remise du prix de l'Audace créatrice à l'Élysée, François Hollande a caressé les patrons dans le sens du poil en leur promettant notamment la tenue d'Assises de la fiscalité des entreprises. Une manière de leur assurer qu'il avait bien pris la mesure du problème et allait tenter d'y remédier. L'annonce, à l'époque, n'a guère convaincu son auditoire. « Le début de sa présidence a été tellement raté, et les entrepreneurs en ont pris tellement plein la gueule, qu'il faudra du temps pour corriger le tir », explique l'un des invités à la cérémonie.

1. « Compétitivité des entreprises : et si on commençait par la fiscalité ? », *op. cit.*

C'est en août 2012, en décidant de relever de 8 à 20 % le forfait social sur l'intéressement et la participation, que le gouvernement a envoyé son premier signal désastreux aux entreprises. Explication : le forfait social est un impôt présenté comme une « contribution à la charge des employeurs » et qui taxe désormais à 20 % les sommes versées aux salariés au titre de l'intéressement, de la participation, des abondements aux plans d'épargne entreprise (PEE et PERCO) et des retraites supplémentaires. Créé par l'article 13 de la loi de financement de la Sécurité sociale de 2009, ce jeune impôt était initialement au taux de 2 % ; il a été multiplié par quatre en dix ans ! Il ajoute ses recettes à celles de la CSG et de la CRDS, qui grèvent déjà l'intéressement et la participation des salariés. En 2011, 55,6 % des salariés du privé (8,8 millions d'individus) ont eu accès à l'un de ces dispositifs. Cette même année, le montant total des sommes versées aux salariés dans ce cadre a été de 17,8 milliards d'euros[1]. L'ordre de grandeur de cette taxe à 20 % est donc de 4 milliards d'euros.

Revenons sur le parcours de ce nouvel impôt, surdoué de la croissance, pour tenter de le comprendre et d'en apprécier les conséquences. Introduit par François Fillon, le nouveau-né fiscal se présente sous des dehors patelins. Le projet est légitimé par les conclusions d'une mission parlementaire d'information sur

1. Non compris la prévoyance complémentaire, qui fait l'objet d'un traitement à part (taux resté à 8 %).

les « niches sociales[1] ». L'exposé des motifs de l'article 13 précise : « [D]'un taux très modéré (2 %), [la CSG] sera affectée à la caisse d'assurance maladie des travailleurs salariés [...]. » Pour enfumer encore un peu plus les représentants du peuple, la feuille de route financière pour la Sécurité sociale jusqu'à 2012 est discrètement annexée à l'article. Pour le régime général, le scénario prévu est de passer de 9,5 milliards d'euros de déficit en 2007 à un solde positif (+ 0,7 milliard) en 2012. Le représentant du peuple peut voter tranquille, cette nouvelle taxe n'ira pas très loin.

Malheureusement, on connaît la suite. Tel un haricot magique, le bébé grossit d'année en année : de 2 % en 2007, il passe à 4 % en 2010, 6 % en 2011, 8 % au 1er janvier 2012 et 20 % à partir du 1er août 2012 ! Cette accélération mérite d'être commentée. Le passage de 8 à 20 % est proposé dans l'urgence de l'après-présidentielle, dans le cadre d'un projet de loi de finances rectificative. Le rapport du député Christian Eckert pour la commission des finances de l'Assemblée nationale utilise le même argumentaire qu'en 2009, la situation de la Sécurité sociale ne s'étant en réalité pas améliorée (déficit constaté de 17,4 milliards d'euros fin 2011).

Selon Bercy, la mesure n'aura d'impact ni sur l'épargne salariale, ni sur l'emploi, ni sur le marché

1. On appelle ainsi les dérogations aux contributions et cotisations sociales, tout comme les niches fiscales sont les dérogations aux impôts *stricto sensu*.

du travail. On en doute fortement. Quand les résultats de l'entreprise sont bons, les ouvriers et employés peuvent compter en général sur un peu plus d'un mois de salaire d'intéressement et de participation, et les cadres sur un peu moins d'un mois. En 2011, selon la Direction de l'animation de la recherche, des études et des statistiques (Dares), le complément de rémunération dégagé par l'ensemble des dispositifs (intéressement, participation, PEE et PERCO) s'est établi en moyenne à 2 274 euros (– 2,6 % par rapport à 2010), ce qui correspondait à 6,7 % des salaires des bénéficiaires, soit 0,8 mois de salaire. Autrement dit, Bercy ignore visiblement tout de la façon dont les choses se passent concrètement dans les entreprises, qui plus est à un moment où les marges sont au plus bas. Les patrons n'ont d'ailleurs pas tardé à réagir. Dassault Systèmes a dénoncé son accord d'intéressement en septembre 2012. « Au-delà de l'intérêt pécuniaire, souligne Laurent Bataille, l'intéressement est un outil pédagogique qui permet aux salariés de mieux comprendre les mécanismes économiques. Cet instrument est tué[1]. »

Une fois de plus, M. et Mme Moyens y perdront plus que M. et Mme Riches. Simulons un cas avec les ordres de grandeur tirés de l'étude de la Dares pour 2011 et les hypothèses de salaires pour nos deux couples : une ponction fiscale de 20 % sur

1. Interview publiée dans « Compétitivité des entreprises : et si on commençait par la fiscalité ? », *op. cit.*

l'intéressement/participation représente 12,8 % d'un mois de salaire pour M. et Mme Riches et 18,6 % d'un mois de salaire pour M. et Mme Moyens, soit 45 % de pression en plus. « Il faudrait actualiser tout le mécanisme d'intéressement, de la participation et de l'actionnariat », avait affirmé François Hollande, le 29 novembre 2012, lors d'une table ronde avec les salariés de Lucibel – une société innovante, située à Rueil-Malmaison, dont la trentaine de salariés détiennent des actions. « L'idée, prochainement, ce sera de remettre à plat ces mécanismes et de voir comment nous pouvons les valoriser », avait ajouté le président. On attend toujours.

Montrer patte blanche aux pigeons

En fait de réforme, Bercy a préparé tout autre chose. En juillet 2013, peu après son élection à la tête du Medef, Pierre Gattaz est reçu par Pierre Moscovici et Bernard Cazeneuve, deux ministres qui souhaitent montrer patte blanche après l'affaire des « Pigeons ». Le gouvernement doit tout de même trouver des recettes supplémentaires. Pour faire passer la pilule, Bernard Cazeneuve a l'idée de supprimer deux impôts : la C3S (contribution sociale de solidarité des sociétés), jugée « imbécile » parce qu'elle taxe le chiffre d'affaires quel que soit l'investissement réalisé par l'entreprise ; et l'imposition forfaitaire annuelle (IFA), tout aussi absurde, car elle est payée même en l'absence de bénéfices. En échange, les fiscalistes de Bercy envisagent un nouvel impôt : la taxe sur l'excédent brut d'exploitation (EBE).

« Les fonctionnaires doivent parfois répondre à des demandes spécifiques, rappelle Robert Baconnier. Lorsqu'un ministre leur dit : “Il faut me trouver en urgence 3 milliards”, il arrive à Bercy de refiler ses rossignols[1]. » La taxe sur l'EBE en est un. Elle avait été proposée à Jérôme Cahuzac lorsqu'il était au Budget, et celui-ci l'avait écartée lors de l'élaboration de la loi de finances 2012. Le plat avait aussi été présenté par les services de Bercy sous le quinquennat de Nicolas Sarkozy. Sans succès. Pourtant, pour une fois, l'idée de l'administration n'était pas dépourvue de bon sens. Il s'agissait de trouver un juste milieu entre l'impôt sur le chiffre d'affaires, idiot mais rémunérateur, et l'impôt sur les sociétés, le plus juste en principe mais qui, à force d'optimisations, est éludé par de nombreuses sociétés, notamment les plus grandes. L'EBE, lui, représente un résultat économique de l'entreprise qui ne tient compte ni de la manière dont celle-ci est financée, ni de sa politique d'amortissement, ni des éléments exceptionnels de son activité. Il permet d'évaluer sa performance industrielle et commerciale.

Ce projet de taxe ulcère les patrons. « Parfaitement absurde », assène Pierre Gattaz. « Une folie », estime Geoffroy Roux de Bézieux, vice-président délégué du Medef. Tous affirment qu'il menace sévèrement

1. Entretien avec l'un des auteurs, 14 novembre 2013.

l'investissement, lequel, dans le schéma de Bercy, n'est pas déductible de l'assiette imposable. Au-delà, c'est un ras-le-bol fiscal général qui monte, et chaque projet de nouvelle taxe hérisse le poil des dirigeants d'entreprise. Face à leur bronca, Pierre Moscovici enterre le projet le 6 octobre 2013. En contrepartie, il majore la surtaxe existant déjà sur l'impôt sur les sociétés. Résultat : le taux de cet impôt, qui, à 33,3 %, était déjà le plus élevé d'Europe, passe à 38 %. Difficile de faire pire quand la concurrence fiscale est aux portes du pays.

L'harmonisation fiscale européenne n'est pas pour demain. La stratégie du chacun pour soi continue d'être la règle. Le capital étant plus mobile que le travail, chaque pays, en principe, essaie d'en attirer le plus possible en abaissant au maximum sa fiscalité. Le taux moyen d'impôt sur les sociétés dans l'Union européenne a ainsi reculé, passant de 31,9 à 23,5 % entre 2000 et 2012. Il a été tiré à la baisse par certains pays comme l'Irlande, qui a carrément divisé son taux d'imposition par quatre au début des années 1980 pour le faire tomber à 12,5 %. Lorsque le pays est passé sous assistance de l'Europe et du Fonds monétaire international, les pressions se sont multipliées pour qu'il relève ce taux. Dublin a résisté : pas question de toucher à ce « pilier » de sa politique économique.

« Le principal obstacle à l'harmonisation fiscale dans l'Union européenne, explique Jacques Le Cacheux, tient à la volonté des gouvernements nationaux de conserver une totale autonomie fiscale et de ne pas permettre que ces questions fassent l'objet de décisions collectives. La fiscalité demeure donc l'un des rares domaines dans lesquels les décisions se prennent à l'unanimité, ce qui équivaut à donner à chaque gouvernement national un droit de veto sur chaque proposition[1]. » Certains pays, comme le Royaume-Uni, sont opposés par principe à l'harmonisation fiscale européenne : pas question qu'on vienne mettre le nez dans ce qui constitue l'un des fondements de leur chère démocratie depuis le XVe siècle ! En outre, l'opinion est en général plutôt favorable à la concurrence. Les petits pays, comme le Luxembourg et l'Irlande, profitent à fond de la situation actuelle pour attirer particuliers et entreprises. Quant à la France, elle est favorable à l'harmonisation par principe, mais elle s'y oppose dès que cela contrarie ses objectifs nationaux et l'urgence de remplir les caisses. Bref, nous ne sommes pas sortis de l'auberge, même si, comme le rappelle Jacques Le Cacheux : « Il y a un projet d'harmonisation de la fiscalité des sociétés qui dort tranquillement dans les tiroirs de la Commission européenne depuis au moins dix ans ! »

Pour Patrick de Fréminet, la France porte une lourde responsabilité dans cet échec : « L'administration française s'est attaquée à un projet trop ambitieux qui s'est heurté à l'opposition des autres pays. Ainsi, elle a travaillé pendant des années sur l'harmonisation de la fiscalité des groupes européens. » Des centaines d'heures de travail, donc, qui n'ont servi à rien puisque

1. Entretien avec l'un des auteurs, 10 décembre 2013.

personne n'est tombé d'accord. Cet expert penche plutôt vers une approche à petits pas : « J'ai suggéré de travailler sur la mise au point d'une seule convention fiscale commune entre tous les pays. Cela aurait pu être le début d'un socle commun. L'administration n'a jamais rien voulu savoir[1]. » Trop simple, sans doute !

Quitte à faire différent, la France aurait pu innover. L'idée de taxer l'excédent brut d'exploitation n'était certes pas la meilleure, mais elle allait dans le bon sens. En fait, il faudrait remonter encore un peu plus haut dans le compte de résultat. L'idée en fera bondir certains ; elle est pourtant simple et de bon sens. Elle repose sur une conception économique de l'entreprise. Il s'agit d'imposer le solde des flux de liquidités, c'est-à-dire les recettes moins les dépenses réellement encaissées ou décaissées. On ne tient compte dans cette assiette fiscale ni des variations de stocks, ni des créances clients, ni des dettes fournisseurs. On ne distingue plus les dépenses d'investissement (déduites en une fois, et non plus étalées dans le temps *via* des amortissements) des dépenses d'exploitation. Seul le « cash-flow » est taxé. Étudiée de près par l'un des auteurs entre 1987 et 1989 à Sciences Po, sous l'œil bienveillant de Raymond Barre[2], cette solution

1. Ex-numéro deux du Service de la législation fiscale (SLF) et ex-directeur de la direction fiscale de BNP-Paribas. Entretien avec l'un des auteurs, 16 janvier 2014.

2. Irène Inchauspé, « Imposer le cash-flow : vers une fiscalité économique des entreprises », thèse de doctorat soutenue à l'Institut d'études politiques de Paris, 1989.

présente de nombreux avantages. L'ancien Premier ministre avait d'ailleurs salué ce projet en ces termes : « Les problèmes de fiscalité sont l'apanage d'un petit nombre de spécialistes chevronnés et suscitent plus souvent des réclamations intempestives qu'une analyse critique approfondie comme celle qui nous est ici présentée. [...] J'imagine aisément que le *statu quo* – choix prudent mais résolu de la bureaucratie fiscale – apparaîtra préférable à la réforme fiscale qui est aujourd'hui proposée. Mais je suis de plus en plus convaincu que la compétitivité de l'économie française passe par une modification profonde de la fiscalité des entreprises et des ménages, inspirée par un désir d'efficacité économique et de simplicité de gestion plus que par des considérations épisodiques de nature électorale[1]. » Que n'a-t-il été davantage écouté, ou au moins entendu !

Le tueur des entreprises familiales

Le gouvernement devrait aussi s'interroger sérieusement sur le fait que la France compte beaucoup moins d'entreprises de taille moyenne (de 50 millions à 1,5 milliard d'euros de chiffre d'affaires, de 200 à 5 000 salariés) que les autres pays européens. Dans l'Hexagone, ces pépites seraient au nombre de 4 600,

1. Préface à Irène Inchauspé, *L'Impôt sur le cash-flow*, Éditions de l'Épargne, 1990.

contre 12 000 en Grande-Bretagne et 10 000 en Allemagne. Comment expliquer cela ? Par le poids de la fiscalité. À commencer par l'impôt de solidarité sur la fortune (ISF). Dans une entreprise familiale, il y a ceux qui travaillent dans l'entreprise et les autres – ceux qui ne paient pas l'ISF et les autres, puisque cet impôt ne s'applique pas à l'outil de travail. À la première génération, le plus souvent, les membres de la famille restent actionnaires et conservent des postes au sein de l'entreprise. Cela se complique quand la famille s'agrandit. Les cousins, cousines, actionnaires de l'entreprise doivent, le cas échéant, mettre la main à la poche chaque année pour acquitter l'ISF. Ce qui oblige l'entreprise à distribuer de confortables dividendes. « Les ETI [entreprises de taille intermédiaire] familiales ont assez souvent 100, 200 ou 300 actionnaires familiaux, témoigne Denis Payre, entrepreneur. C'est parfois toute la rentabilité de l'entreprise qui sert finalement à payer leur ISF et ne leur donne plus les moyens d'investir pour rester compétitives[1]. » Quelquefois, cela ne suffit même pas ! Si c'est une conjonction de nombreuses difficultés qui a précipité l'éclatement du groupe familial Taittinger en 2005, la fiscalité y a joué un rôle important. Ce groupe spécialisé dans l'hôtellerie de luxe et les champagnes ne parvenait plus à servir un dividende suffisant pour permettre à ses actionnaires de payer l'ISF. Pas d'autre solution que de vendre : seule la branche champagne a été reprise

1. Entretien avec l'un des auteurs, 6 janvier 2014.

par Pierre-Emmanuel Taittinger ; les autres activités du groupe (hôtellerie de luxe, Baccarat, parfums) ont été rachetées par le fonds américain Starwood Capital.

Vendre parce qu'on n'arrive plus à servir suffisamment de dividendes est une calamité ; céder son entreprise parce que la fiscalité pèse trop lourd lorsqu'on veut la transmettre à ses enfants en est une autre. Là encore, la France détient un triste record. Le taux de transmission des entreprises familiales y est de 14 %, contre 51 % en Allemagne et 70 % en Italie. « Sur la période de 1990 à 2004, pas moins de 500 entreprises, faute de pouvoir se transmettre, se sont vendues, pour la plupart à des groupes étrangers[1] », assure l'Asmep, le syndicat des entreprises intermédiaires. Des fleurons industriels français, adossés à des marques puissantes et fortement enracinées dans leur territoire, ont ainsi été rachetés. Rossignol, Babyliss, les biscuits Saint-Michel, But, Darty, Elm-Leblanc, K-Way, Peaudouce, Salomon, Upsa et même la Jouvence de l'Abbé Soury : tous ont été vendus à des fonds d'investissement étrangers ! C'est une partie de la forêt du *Mittelstand* français qui a été rasée.

La transmission de ces entreprises patrimoniales est extrêmement pénalisée, à la fois par l'ISF et par les droits de transmission. Selon les calculs conjoints de l'Institut Montaigne et de l'Asmep, pour une entreprise

1. « Vive le long terme ! Les entreprises familiales au service de la croissance et de l'emploi », rapport de l'Asmep-ETI et de l'Institut Montaigne, septembre 2013.

valorisée 15 millions d'euros, le coût de transmission est de 1,125 million d'euros en France, de 450 000 euros à Bruxelles, de 270 000 euros au Luxembourg et de… 0 euro en Allemagne, en Italie, au Royaume-Uni et en Suisse. On comprend dans ces conditions que les patrons français soient contraints de vendre leur entreprise. Des ventes contraintes qui devraient pourtant pouvoir être évitées, car elles se font la plupart du temps au détriment du tissu productif et de l'emploi. Certes, il existe un outil fiscal avantageux, le pacte Dutreil, créé en 2000, qui permet aux héritiers, en cas de donation, de bénéficier d'une exonération de 75 % de la valeur des droits taxables s'ils s'engagent à conserver les titres au moins six ans après le décès du dirigeant. Fruit d'une sédimentation de textes fiscaux successifs, il est toutefois très complexe à appliquer. Le sujet de la transmission va devenir de plus en plus brûlant à l'heure où la génération du baby-boom atteint l'âge de la retraite : 62 % des chefs d'entreprise ont plus de 50 ans, et la part de ceux qui ont plus de 60 ans ne cesse de croître – elle est passée en dix ans, de 2002 à 2012, de 13 à 18 %.

Pour bien comprendre à quel point l'impôt est devenu un tueur d'entreprises familiales, prenons l'exemple d'un patron actionnaire unique d'une ETI d'une valeur de 100 millions d'euros. Il a 72 ans en 2014 et trois enfants non employés par l'entreprise, qui ont chacun un revenu de 6 000 euros par mois. Le patriarche veut transmettre son patrimoine. C'est là que les ennuis commencent, comme le démontrent les calculs effectués par le cabinet Ricol, Lasteyrie et Associés[1]. En tenant compte du pacte Dutreil, les droits de mutation s'élèvent à 3 millions d'euros par enfant (ils seraient réduits de moitié si le donateur avait moins de 70 ans). À cela, il faut ajouter 372 000 euros de droits notariés par héritier. Et ce n'est pas fini : ces derniers n'ayant pas assez de revenus pour acquitter ces taxes, l'entreprise va devoir leur verser des dividendes. À hauteur de 1,5 million d'euros par an de dividendes versés et en étalant sur dix ans le paiement des impôts (auxquels s'ajoutent les prélèvements sociaux… sur les dividendes), les trois enfants parviendront à payer. Pendant cette période, ils ne toucheront pas un euro de revenu supplémentaire, malgré la donation, l'ensemble étant englouti par les impôts. L'ETI, elle, obligée de verser l'équivalent de 1,5 % de son capital par an, se sera appauvrie. Les héritiers ont donc le choix entre s'engager dans un tunnel de dix ans qui ne les rendra pas plus riches qu'avant et vendre les actions dont ils ont hérité, encaisser le cash correspondant et acquitter tout de suite les droits de mutation. Sachant qu'ils sont âgés de 40 à 50 ans, que pensez-vous qu'ils préfèrent ? « Voilà comment les entreprises familiales françaises disparaissent », conclut René Ricol, ex-médiateur du crédit, ex-commissaire général à l'investissement, très préoccupé par ce problème. « Si ces héritiers avaient reçu des œuvres d'art,

1. « Estimation du coût fiscal d'une donation d'actions », note du 23 janvier 2014.

ils auraient pu les vendre et réaliser des plus-values faciles dans un marché hautement spéculatif sans payer l'ISF. C'est la preuve que notre pays est décadent[1]. » La meilleure solution serait de supprimer cet impôt, qui ne se contente pas de ponctionner les riches, mais pénalise aussi les PME.

Cette mesure n'est pas à l'ordre du jour des Assises de la fiscalité, dont le premier comité de pilotage a été réuni par Jean-Marc Ayrault le 29 janvier 2014. Entre baisse de l'impôt sur les sociétés et simplification de la fiscalité, les objectifs annoncés ne sont pas très clairs. Le Premier ministre lui-même, ce jour-là, n'a pas eu l'air très convaincu de ce qu'il disait. La sortie du tunnel est encore bien loin.

1. Entretien avec l'un des auteurs, 29 janvier 2014.

DEUXIÈME PARTIE

LES RESPONSABLES

5

Le roi des gabelous

François Hollande, fanatique de l'impôt

« Dis-moi quels sont tes impôts, je te dirai dans quel pays tu vis[1]. » Voilà une belle et pertinente formule lancée par François Hollande dans son discours du 17 octobre 2010 à Périgueux. Quel est le pays des impôts multiples, incohérents, injustes, qui n'ont cessé d'augmenter depuis trois ans ? Vous avez deviné, c'est la France ! La suite de ce discours ne manque pas de sel. « Toute l'histoire de la République est une histoire fiscale. [...] aussi avons-nous intérêt à mettre la question fiscale au cœur du débat public. Il ne s'agit pas d'avoir peur. Si nous ne plaçons pas là le clivage, nous ne le mettrons nulle part ailleurs. » Ainsi, en 2010, interrogé par les journalistes sur les thèmes qu'il pourrait mettre en avant face à Nicolas Sarkozy, il développait longuement ses thèses sur la fiscalité,

1. François Hollande, *Le Rêve français. Discours et entretien (2009-2011)*, Privat, 2011.

opposées à la politique « pro-riches » du président sortant. Le « bouclier fiscal », péché originel du sarkozysme, et la révélation sur l'imposition de la fortune de Liliane Bettencourt avaient cristallisé les mécontentements contre Nicolas Sarkozy. « Les Français ont soif de justice sociale », affirmait François Hollande en se préparant à entrer dans la course à la présidentielle, et il estimait que la fiscalité était l'un des meilleurs moyens de rétablir cette justice.

En somme, les impôts étaient au cœur des réflexions du futur candidat. « La sanctuarisation des gros patrimoines, c'est la seule constante de la politique fiscale de Nicolas Sarkozy », avait-il déjà déclaré en 2008 dans un discours à l'université d'été du PS à La Rochelle. Il s'amusait alors du nombre de nouvelles taxes créées depuis un an par le « président des riches » : franchise médicale, cotisation retraite, taxe sur les opérateurs de téléphonie, sur les fournisseurs d'accès à Internet, sur la participation, sur la vente du poisson. « Ce sera bientôt la gabelle, la taille, et pourquoi pas la taxe sur les portes et fenêtres ? » raillait le futur candidat, l'un des rares hommes politiques à connaître son histoire fiscale sur le bout des doigts. Et de conclure sur une pique savoureuse comme il les affectionne : « La taxe qui rapporterait le plus serait celle sur les mouvements de Nicolas Sarkozy ! » « Pour illustrer sa passion pour la fiscalité, confie Gilles Finchelstein[1], une mauvaise blague circulait lorsqu'il faisait campagne : quand Sarkozy s'est

1. Directeur de la Fondation Jean-Jaurès, *think tank* de gauche.

présenté à l'élection présidentielle, c'était pour devenir président ; Hollande, lui, s'est fait élire pour devenir ministre du Budget[1] ! »

Et la lumière fiscale fut !

François Hollande n'a pas conçu une passion pour les impôts uniquement pour se démarquer de Nicolas Sarkozy. Cet ancien professeur d'économie est un fanatique des questions fiscales depuis qu'il est tout petit, ou presque. « Il a découvert la lumière fiscale lors de son grand oral à l'ENA[2] », s'amuse Thomas Piketty. Dans les années 1980, on le retrouve enseignant à Sciences Po. Il forme alors un duo avec un certain Pierre Moscovici. Ce dernier est directeur de cabinet de Max Gallo, tandis que François Hollande est secrétaire du « groupe des experts » de Claude Allègre. Les deux trentenaires, ambitieux, veulent démontrer que la gauche peut être aussi bonne gestionnaire que la droite. Ils publieront leurs cours en 1991 chez Odile Jacob sous le titre *L'Heure des choix*. Dans ce pavé de 360 pages, on trouve déjà un chapitre sur la fiscalité. « L'impôt est toujours un biais par rapport à un optimum de premier rang ; et la variation de son taux et de son assiette peut toujours être contrariée par les réactions des ménages ou des en-

1. Entretien avec l'un des auteurs, 25 novembre 2013.

2. Intervention devant l'Association française des trésoriers d'entreprise, 5 décembre 2013.

treprises, écrivent fort justement les auteurs. C'est par rapport aux enjeux de la compétition internationale que la performance d'un système fiscal doit être appréciée. Pèse-t-il excessivement sur les entreprises, défavorise-t-il exagérément l'épargne, nuit-il à la motivation et donc au travail des agents ? » Malheureusement, François Hollande et Pierre Moscovici n'ont pas dû relire très souvent leur ouvrage…

Toutefois, ce n'est pas à Sciences Po que François Hollande a compris à quel point l'impôt pouvait être une bonne carte à jouer pour se placer sur l'échiquier politique. Nous sommes en 1989, le jeune socialiste est secrétaire de la commission des finances à l'Assemblée nationale. Au sein de cette instance, on s'émeut de l'OPA lancée par Suez sur le groupe d'assurance Victoire. Au passage, les actionnaires – les Vernes, Dassault et autres grandes fortunes – n'ont payé que 16 % d'impôts sur des plus-values jugées considérables[1]. Le député Hollande décide alors de diriger une mission d'information sur la fiscalité du patrimoine. Belle intuition. Son rapport est publié en juin 1990, quelques jours après que François Mitterrand a prononcé son célèbre discours d'Auxerre, dans lequel il a regretté qu'on puisse « s'enrichir en dormant » et critiqué les « plus-values spéculatives ». Ces déclarations donnent au travail de François Hollande un retentissement particulier.

1. Voir Françoise Fressoz, « Le champion de l'impôt », *Le Monde*, 25 mai 2012.

Son rapport n'a pourtant rien de révolutionnaire. Il est bâti sur deux idées : la première est que la réduction des inégalités sociales tient avant tout à une amélioration de l'enseignement, de la formation, du cadre de vie, et à une revalorisation des bas salaires ; la seconde est qu'il ne faut pas pour autant renoncer à utiliser l'arme fiscale, même si elle n'apporte que des solutions très partielles aux problèmes. Quelle que soit l'option choisie, il faudra du temps. Cette démarche mesurée et prudente fera de François Hollande, auteur d'un rapport sur la taxation de l'épargne, LE spécialiste de la fiscalité au PS et lui permettra d'acquérir la conviction que l'impôt façonne les sociétés, est au cœur des grands déséquilibres, et constitue donc un puissant levier politique. Une conviction qui le mènera très loin… avec le résultat que l'on sait !

Même installé au Château, il conservera intacte cette passion pour la fiscalité. Emmanuel Macron, secrétaire général de l'Élysée, le reconnaît volontiers : beaucoup de notes détaillées sont préparées sur le sujet, bien plus que sur tous les autres, et le président les lit toutes. « Il envoie des textos aux ministres, confie un député. Pierre-Alain Muet en a reçu des tas lors de la préparation du projet du CICE. » « C'est même lui qui a eu l'idée du CICE[1] », rappelle Gilles Finchelstein. François Hollande aurait fait un excellent ministre du Budget ! Peu après son arrivée au sommet de l'État, en septembre 2012, il a pourtant commis une énorme erreur de communication en laissant

1. Entretien avec l'un des auteurs, 25 novembre 2013.

dire à son Premier ministre qu'il faudrait faire « un effort fiscal historique, mais que, à revenus constants, neuf contribuables sur dix ne seraient pas touchés ». Le socialiste voulait placer le clivage sur la fiscalité pour se démarquer de Nicolas Sarkozy ? Il a eu tout faux. Car cette affirmation est un bobard. Pour remplir les caisses de l'État des 30 milliards d'euros nécessaires à la poursuite de la réduction du déficit, il fallait en ponctionner 10 sur les ménages, « principalement les plus aisés », pouvait-on lire dans la loi de finances publiée le 29 décembre 2012. La fiscalisation de la mutuelle, celle de l'intéressement, le rabotage du quotient familial, toutes ces mesures ont pesé davantage sur les classes moyennes que sur les riches. Une bonne raison pour les premières d'être en colère et d'en vouloir au président.

Le président des non-riches

Ces Français pourraient se consoler en se disant que les riches ont aussi été mis à contribution dès 2012. François Hollande ne les aime vraiment pas. « J'aime les gens, quand d'autres sont fascinés par l'argent », a-t-il déclamé dans son discours du Bourget. Cette population honnie par le président a d'abord eu droit à l'épisode de la taxe à 75 %, quasiment improvisée lors de la préparation de l'émission *Parole de candidat*, sur TF1, le 27 février 2012. On sait ce qu'il en advint. Il s'agit alors pour François Hollande de virer à gauche, les électeurs ayant tendance à se tourner vers Jean-Luc

Mélenchon. L'annonce est tellement improvisée que François Hollande, en plateau, s'emmêle les pinceaux. Il propose un impôt à 75 % pour les revenus supérieurs à un million d'euros *par mois*. Après la coupure publicitaire, son équipe lui ayant signalé sa boulette, il rectifie : la taxe concernera les revenus supérieurs à un million d'euros *par an*. Pendant le week-end, l'équipe de François Hollande a consulté Martine Aubry sur cette idée. « On ne fait pas de coup de communication avec la fiscalité, affirme la première secrétaire. C'est un outil économique et social. Mieux vaut créer une tranche temporaire d'impôt sur le revenu à 55 %[1]. » L'idée sera retoquée par le Conseil constitutionnel ; finalement, ce sont les entreprises qui paieront ce nouvel impôt. Le 28 février, au lendemain de cette annonce spectaculaire, François Hollande est en visite au Salon de l'agriculture. Les journalistes lui demandent des précisions, lui font remarquer que Jérôme Cahuzac, alors président de la commission des finances de l'Assemblée nationale, n'était pas au courant de cette proposition. Le candidat rétorque : « Ben, maintenant, il l'est. »

Il décide tout seul, n'écoute personne. Il ne peut donc s'en prendre qu'à lui-même en cas de cafouillage – et les cas sont nombreux. Sa détestation des riches lui a bien sûr fait s'attaquer à l'ISF, payé par les contribuables disposant d'un patrimoine net supérieur à 1,3 million d'euros. Le gouvernement Ayrault avait fait voter dans le collectif budgétaire 2012 une surtaxe ISF (destinée

1. Cité *in* Cécile Amar, *Jusqu'ici, tout va mal*, Grasset, 2014.

à compenser ponctuellement le coût du bouclier fiscal de Nicolas Sarkozy), qui donnait lieu à des remboursements. Mais, pour la première fois depuis vingt-cinq ans, cette contribution n'était plus plafonnée. Résultat : en 2012, 8 000 foyers fiscaux ont payé plus de 100 % de leurs revenus en impôts, 9 910 ont été imposés à plus de 85 %, et 11 960 à plus de 75 %... Le fisc a encaissé au total, cette année-là, la somme record de 5,6 milliards d'euros. Par la suite, le gouvernement a dû revoir deux fois sa copie. Contraint par le Conseil constitutionnel de plafonner à nouveau l'ISF, il a tenté d'introduire des revenus latents, non perçus, dans l'assiette. Encore raté : le Conseil constitutionnel, puis le Conseil d'État retoquent le projet. Pour François Hollande, expert en fiscalité, cela fait mauvais effet. Finalement, l'ISF aura tout de même rapporté 4,4 milliards d'euros en 2013, un montant supérieur aux prévisions et qui a même surpris l'administration fiscale, laquelle a déclaré être « incapable de l'expliquer ». Y a-t-il un pilote dans l'avion ?

Fâché avec les classes moyennes et avec les riches, François Hollande l'est aussi avec les patrons. Qu'il demande un « effort aux Français » en arrivant au pouvoir, pourquoi pas, si cela permet de rassurer les marchés financiers ? Mais les erreurs à répétition en matière fiscale ? L'inquiétude des investisseurs ? « Il ne faudrait pas oublier que nous sommes socialistes », répondait un conseiller de l'Élysée en novembre 2013[1]...

1. Ghislaine Ottenheimer, « Flottements au Château », *Challenges*, n° 367, 28 novembre 2013.

Ainsi, lorsque François Hollande invite des patrons pour une réunion le 30 octobre 2013, certains d'entre eux n'hésitent pas à se faire porter pâles. Gérard Mestrallet, PDG de Suez, se fait représenter. Pierre Pringuet, patron de Pernod Ricard et président de l'influente Afep (Association française des entreprises privées), prie Serge Weinberg, président de Sanofi, de prendre sa place. Quant à Jean-François Roubaud, président de la CGPME (Confédération générale des petites et moyennes entreprises), non seulement il sèche la réunion, mais il ne demande à personne de le représenter. « C'est du jamais vu, s'étonne l'un des invités. Refuser de participer à une réunion à l'Élysée, sur invitation du président de la République, est d'une désinvolture rare. »

Ce 30 octobre 2013, on trouve notamment autour de la table Pierre Gattaz, président du Medef, Philippe Varin, patron de Peugeot et représentant du Cercle de l'industrie, et bien sûr l'incontournable René Ricol, proche de Nicolas Sarkozy, qui tutoie aussi François Hollande. Malgré les efforts du président, l'ambiance est glaciale. Divers participants prennent la parole et exposent leurs doléances : taxe à 75 %, hausse de l'impôt sur les sociétés, baisse de la rentabilité, faiblesse des investissements... – rien que François Hollande n'ait déjà entendu. S'exprimant au nom de l'Afep, Serge Weinberg, un grand patron plutôt réputé de gauche, fait alors feu de tout bois : cumulé à l'instabilité, le matraquage fiscal dégrade la compétitivité des entreprises françaises. Les délocalisations dans les autres pays européens des fonctions internes des grands groupes, et avec elles des équipes, s'accélèrent. Les recrutements en France sont en chute libre, alors que les dirigeants étrangers refusent les postes qui leur sont proposés dans notre pays. La perception des investisseurs étrangers est désastreuse.

Les deux continents, celui de la sphère publique et celui de la sphère privée, divergent de plus en plus. Les entreprises, très exposées à la réalité mondiale, évoluent à l'exact opposé de la sphère publique. La méconnaissance des politiques du monde de l'entreprise favorise des prises de position idéologiques qui vont à l'encontre des besoins de la sphère économique. Effet garanti. D'abord scotché par la violence de la charge, François Hollande tente de reprendre la main et de clore la réunion sur un consensus. En vain. « À l'étranger, on dit de la France qu'elle est un 75/35 : 75 % d'impôt et les 35 heures », résume l'un des participants à l'issue de la rencontre. Le divorce entre François Hollande et les patrons semble désormais consommé.

Comment plumer l'oie sans la faire criailler ?

Voilà donc un président de la République, grand expert de la fiscalité, connaissant le rôle éminemment politique de l'impôt, qui a réussi à se mettre à dos quasiment tous les acteurs de la société par sa politique fiscale. Il est caricaturé en président du matraquage fiscal tous azimuts, sans vision d'ensemble ni cohérence. François Hollande, comme ses prédécesseurs, a certes voulu s'inscrire dans la grande tradition française qui remonte à Jean-Baptiste Colbert, pour qui l'art de l'imposition consistait à « plumer l'oie sans la faire criailler ». Mais il est allé trop loin, trop vite, trop mal et trop fort. La volaille se débat. Les Français ont eu le sentiment, à juste titre, d'une crise d'hystérie fiscale. Le président s'en est ému lui-même lors d'une intervention télévisée, le 15 septembre 2013, allant jusqu'à concéder que les 30 milliards d'euros de prélèvements nouveaux décidés depuis son élection représentaient un trop-plein pour les contribuables. Empruntant à l'humour de Pierre Moscovici, il a osé dire : « C'est beaucoup, donc ça devient trop », renvoyant au « ras-le-bol fiscal » évoqué par le ministre de l'Économie au mois d'août. Il a donc promis que la baisse du quotient familial et la hausse de la TVA au 1er janvier 2014 seraient « les deux seules hausses d'impôts pour les ménages ». Oubliant au passage la fiscalisation des mutuelles et celle portant sur les majorations de retraite. Ne comptons pas non plus sur lui pour lancer une vraie réforme fiscale : « Nous connaissons nos concitoyens, disait-il dans son discours de Périgueux. Ils sont majoritairement pour la réforme en matière fiscale, sauf quand elle les concerne [...], ce qui rend, il faut bien en convenir, l'exercice difficile. »

Pas étonnant, donc, que François Hollande n'ait pas dit un mot de cette réforme lors de sa très attendue conférence de presse du 14 janvier 2014. *Exit* le président de la fiscalité, place à celui de la compétitivité. Lors de cette intervention, il s'est montré particulièrement à l'aise pour présenter son « tournant » libéral. Par rapport à quel cap fixé auparavant ? Nul ne le sait, mais peu importe, puisqu'il semble désormais admis que cet homme sait où il va, mais ne le dit pas. Le voilà vantant les mérites d'une politique de l'offre, affirmant que seule la réduction des charges des entreprises créera de la croissance, donc des emplois. Étonnant ? Pas tant que cela. Si sa formation d'énarque a bien patiné son habit d'homme politique, il ne faut pas oublier qu'il a aussi fréquenté les bancs de HEC. Ce qui lui a permis de tutoyer longtemps un certain nombre de chefs d'entreprise passés par la même école de commerce. Sans être particulièrement favorables à son élection, beaucoup se disaient qu'un tel spécimen, féru de fiscalité, d'économie et bon connaisseur des finances publiques, serait peut-être moins terrible qu'ils ne l'imaginaient. Ils ont assez rapidement déchanté. Le 14 janvier, certains, Pierre Gattaz en tête, ont voulu croire au « tournant », estimant que l'important, c'est de participer... « Les propos du chef de l'État traduisent une prise de conscience salutaire et bienvenue de la gravité de la situation du pays et de la nécessité de lui redonner de la compétitivité. Il y avait urgence[1] », a déclaré au lendemain de la conférence de presse Henri de Castries, patron d'Axa, ancien camarade de François Hollande à HEC et qui a

1. Interview dans *Le Figaro*, 15 janvier 2014.

financé la campagne du candidat socialiste à hauteur de 7 500 euros. Il a ajouté aussitôt : « Le rythme auquel les intentions du chef de l'État se transformeront en mesures concrètes est crucial. » Les autres grands patrons ne sont pas sortis du bois.

François Hollande a en tout cas joué un beau coup politique : sa promesse d'inverser la courbe du chômage n'ayant pas été tenue, il ne pouvait en rester là. Il fallait bien qu'il dise quelque chose. Reprenant les mêmes arguments que la droite, il l'a plongée dans un grand embarras. Suprême habileté, il a repassé au Medef la « patate chaude » du chômage. Dans six mois, il pourra dire qu'il a passé un pacte de responsabilité avec les entreprises, mais que celles-ci n'ont pas joué le jeu. Elles porteront donc la responsabilité de la hausse du nombre de demandeurs d'emploi. Pour l'instant, ce ne sont que des mots, ce qui n'est d'ailleurs pas inintéressant ! Il va en effet être possible de mesurer l'impact de la psychologie sur l'économie, un aspect que François Hollande n'avait pas abordé dans son manuel de Sciences Po…

6

L'ogre Bercy

Une administration créative et toute-puissante

Le 19 mars 2013, les murs de la forteresse du ministère de l'Économie et des Finances ont tremblé. Jérôme Cahuzac a présenté sa démission. Le flamboyant ministre du Budget n'aurait donc été qu'un vulgaire fraudeur ? « Chacun a sa part d'ombre », s'est-il défendu après être passé aux aveux. Pendant des mois, il avait farouchement nié détenir un compte non déclaré en Suisse, comme l'affirmaient les journalistes du site Mediapart. Pendant des mois, il avait menti au président de la République, à ses collègues ministres, aux parlementaires, à ses troupes, aux Français. Pour finalement reconnaître qu'il avait dissimulé un compte contenant 600 000 euros dans un établissement situé de l'autre côté des Alpes.

Dans la foulée, au lendemain de sa démission, l'ancien ministre a été mis en examen pour blanchiment de fraude fiscale, un délit puni de cinq ans de prison et qui consiste à réinjecter dans l'économie le fruit d'une évasion fiscale. Le pire cauchemar de François Hollande devenait réalité. Aux yeux du président, Jérôme Cahuzac était le meilleur d'entre tous pour assumer cette fonction ingrate, mais essentielle. Celui qui devait serrer les boulons, faire des économies, traquer les fraudeurs. Le plus sérieux, l'homme qui connaissait tous ses sujets à fond. En revanche, pour l'administration, c'était moins grave. Un ministre du Budget qui tombe pour fraude fiscale ? Qu'importe, le ministère de l'Économie et des Finances en a vu d'autres : il avait dû faire face en 1999 au départ de Dominique Strauss-Kahn, contraint de quitter ses fonctions au bout de deux ans en raison du scandale de la Mnef, et en 2005 à celui d'Hervé Gaymard, torpillé par l'affaire de son appartement de fonction.

Y a-t-il un pilote dans l'avion ?

Aujourd'hui, les ministres ne manquent pas à Bercy, cette bâtisse moderne et glaciale semblable à un paquebot de verre, arrimée le long de la Seine, dans le XIIe arrondissement de Paris, et inaugurée par Pierre Bérégovoy en 1989. Pierre Moscovici (Économie et Finances) et Nicole Bricq (Commerce extérieur) occupent le sixième étage de l'Hôtel des ministres, Bernard Cazeneuve (Budget) et Benoît Hamon (Économie sociale et solidaire) le cinquième, Sylvia Pinel (Artisanat, Commerce et Tourisme) et Fleur Pellerin (PME, Innovation et Économie numérique) le quatrième, enfin Arnaud Montebourg (Redressement productif) le troisième. Sept ministres ! Beaucoup trop sans doute, à moins d'avoir un patron à poigne et charismatique, ce qui n'est pas le cas de Pierre Moscovici, étonnamment transparent. « J'ai dirigé Bercy dans le passé et c'est vrai que Bercy a besoin d'un patron, a lâché Laurent Fabius le 14 mai 2013 sur RTL. Là, vous avez plusieurs patrons et, quels que soient la qualité des hommes et des femmes et leur degré d'entente, je pense qu'une coordination plus forte serait utile. » La veille, Ségolène Royal, puis Élisabeth Guigou avaient elles aussi pilonné la citadelle des finances. « Ce n'est un mystère pour personne qu'il y a des domaines où une restructuration est nécessaire, comme par exemple la vaste galaxie de Bercy », avait attaqué la candidate à la présidentielle de 2007 dans *Le Monde*. « Il s'agit de savoir si sept ministres à Bercy, ce n'est pas trop. C'est une administration puissante, pour laquelle il faut un vrai patron », avait avancé sur LCI l'ex-garde des Sceaux.

Qu'importent ces interrogations, la machine de Bercy continue de tourner. On peut même dire qu'elle tourne très bien ! En l'absence d'un patron doté d'un solide poids politique, l'administration comble le vide. « Quand le pouvoir politique est défaillant, quand il n'a ni clarté de vue, ni objectif stratégique, ni vraie volonté, on ne peut pas le lui reprocher, juge le sénateur Philippe Marini. C'est un peu comme sous la IVe République, où les gouvernements et les ministres changeaient sans cesse, mais l'administration était solide.

Elle était moins nombreuse qu'aujourd'hui, mais c'est une époque où elle pouvait être assez innovante, plus à mon avis qu'aujourd'hui[1]. » Une analyse partagée par Gilbert Cette, économiste de gauche, grand artisan des 35 heures et peu suspect d'opposition systématique à François Hollande. « Je n'ai jamais connu une situation comme celle d'aujourd'hui, dans laquelle c'est clairement la technostructure qui prend le pas sur le politique[2] », explique-t-il.

Les 150 000 fonctionnaires qui travaillent pour le ministère des Finances à travers toute la France en sont plus ou moins conscients. Les 6 000 d'entre eux qui travaillent à Bercy, peut-être davantage encore. Les Français qui viennent assister à des concerts ou à des événements sportifs au POPB (Palais omnisports de Paris-Bercy) ne se rendent certainement pas compte que c'est à quelques dizaines de mètres de là que se met en musique la politique économique de la France et que s'écrit la partition des finances du pays. Le directeur du Budget et le directeur du Trésor sont les deux hommes clés de cette organisation. « Autrefois, se souvient l'économiste Jean-Marc Daniel, quand nous avions encore le franc comme monnaie, la répartition des rôles était assez simple. La direction du Trésor s'occupait de la politique monétaire, et celle du Budget de la politique budgétaire. Aujourd'hui, c'est plus confus[3]. » La politique

1. Entretien avec l'un des auteurs, 7 novembre 2013.
2. Cité dans *L'Opinion*, 17 novembre 2013.
3. Entretien avec l'un des auteurs, 29 novembre 2013.

monétaire se décidant désormais à Francfort, siège de la Banque centrale européenne, le directeur du Trésor, Ramon Fernandez, conseille le ministre sur toutes ses décisions de politique économique et passe son temps entre la Commission européenne et le Fonds monétaire international pour défendre la position de la France dans les grandes négociations financières internationales. Denis Morin, qui vient d'être nommé à la direction du Budget, est garant de l'orthodoxie des comptes publics et tente de contenir comme il peut les 1 200 milliards de dépenses publiques annuelles en négociant avec les autres ministères.

La chasse au trésor

À Bercy, en revanche, quand il faut faire des efforts, on n'hésite pas à acheter la paix sociale. En 2008, c'est ainsi que s'est achevée la fusion entre deux directions du ministère, celle des Impôts et celle de la Comptabilité publique, en une seule Direction générale des finances publiques (DGFiP). Désormais, les Français n'ont plus besoin de se demander s'ils doivent s'adresser à une trésorerie ou à un centre des impôts lorsqu'ils ont un problème d'ordre fiscal ; ils ont un interlocuteur unique. La Cour des comptes s'est penchée sur le coût de cette réforme administrative. Premier constat : si les effectifs de la DGFiP ont bien été réduits de 3 % entre 2008 et 2010, la masse salariale, elle, a augmenté de 1 %. « Une augmentation principalement attribuée à la hausse des rémunérations des agents consécutive à la réforme », écrivent les magistrats. La suite est édifiante. Les fonctionnaires ont eu droit à une prime de fusion de 350 euros, versée même à ceux qui n'étaient pas concernés par le rapprochement. Censée être exceptionnelle, elle a été pérennisée, puis augmentée à 500 euros par an à partir de 2011. Les régimes indemnitaires des différents fonctionnaires ont été harmonisés « par le haut ». Au total, cette fusion a coûté 588,9 millions d'euros sur la période 2008-2012. La Cour des comptes souligne aussi que « l'harmonisation des règles de vie a pu conduire à une réduction du temps de travail effectif dont il aurait été souhaitable de faire un bilan ». Réduire les dépenses ? C'est bon pour les autres, pas pour Bercy.

Pendant que la direction du Budget s'occupe des dépenses… des autres ministères, celle du Trésor s'emploie aussi à boucher les trous. Elle abrite en effet en son sein un rouage capital : l'Agence France Trésor (AFT). Celle-ci est chargée de gérer la dette de l'État en la plaçant sur les marchés selon un calendrier annuel précis et aux meilleures conditions possible. La France a emprunté 169 milliards d'euros en 2013, dont deux tiers auprès d'investisseurs étrangers. Les banques jouent un rôle primordial dans ce processus. Quand l'État émet ses OAT (obligations assimilables du Trésor) pour financer sa dette, les banques françaises (et étrangères) vont trouver les investisseurs (assurances, fonds de pension, *hegde funds*) pour leur proposer d'acheter ces titres. Si deux mois plus tard l'investisseur veut les revendre, les banques les rachètent, les revendent, etc. Quelque 10 milliards d'euros s'échangent ainsi chaque jour sur la dette française, dans d'excellentes conditions : les investisseurs savent qu'ils peuvent acheter ou vendre sans que cela coûte trop cher – notamment grâce au travail des banques !

Un si petit monde...

Voilà qui favorise les liens, voire l'endogamie, entre les hauts fonctionnaires de Bercy et les banquiers. Tous appartiennent à la même caste, issue des écoles de l'excellence républicaine – ENA et Polytechnique. Petit tour d'horizon : Jean-Laurent Bonnafé, directeur général de BNP-Paribas, est polytechnicien et ingénieur des Mines ; Frédéric Oudéa, PDG de la Société Générale, est polytechnicien et inspecteur des finances ; François Pérol, patron de BPCE, est énarque et inspecteur des finances. Seuls Jean-Paul Chifflet, qui dirige le Crédit Agricole, et Michel Lucas, patron du Crédit Mutuel, sont autodidactes – le second l'est quasiment puisqu'il n'a fait « que » l'École centrale de Lille. Mais tous deux ont auprès d'eux des représentants de l'élite française : Xavier Musca, énarque, ex-directeur du Trésor et ex-secrétaire général de l'Élysée, pour le Crédit Agricole ; Nicolas Théry, inspecteur des finances, pour le Crédit Mutuel.

Ce n'est pas tout. Les banquiers font aussi souvent leur « marché » à Bercy. Le 30 janvier 2013, lors d'une audition à l'Assemblée nationale qui est restée dans les mémoires, les banquiers sont interrogés par les députés sur la nouvelle loi bancaire. Les paradis fiscaux font partie du débat. Pascal Cherki, député socialiste, demande à Jean-Laurent Bonnafé s'il est exact que BNP-Paribas vient d'embaucher, pour lui confier la responsabilité de ses affaires fiscales, l'ancien sous-directeur chargé des relations internationales à la Direction de la législation fiscale du ministère de l'Économie et des Finances. « Connaissant votre sens de l'éthique, je ne peux croire que vous espériez ainsi contourner plus efficacement la législation française », ironise le député. Réponse de Jean-Laurent Bonnafé : « Nous avons recruté, comme cela se pratique souvent, un fiscaliste venu des services compétents du ministère des Finances. Son dossier est passé devant une commission dite de déontologie. Si nous l'avons fait, c'est pour le bien de la maison : on ne recrute pas un fonctionnaire qualifié du ministère des Finances de la République française pour lui demander de faire des farces et attrapes ! » Jolie pirouette. À la Société Générale, c'est le secrétaire général, Patrick Suet, qui a occupé « différents postes à la Direction de la législation fiscale », comme l'indique son CV, disponible sur le site de la banque.

Cette promiscuité est parfois bien utile. En janvier 2012, dans son discours du Bourget, le candidat François Hollande désignait la finance comme son ennemie. Il promettait de couper les banques en deux pour séparer les activités spéculatives de celles qui financent vraiment l'économie réelle. Un an plus tard, Bercy a pondu un projet de loi, peu révolutionnaire et loin d'ennuyer les banquiers. Il aura fallu que les parlementaires, emmenés par Karine Berger et Valérie Rabault, haussent la voix pour que le texte soit un peu durci pendant les travaux de la commission des finances de l'Assemblée nationale.

Autre exemple de cette « complicité » entre les banquiers et Bercy : le projet d'« amnistie financière » qui figurait dans le projet de loi de finances 2014. Il s'agissait de traiter le dossier explosif des « emprunts toxiques » accordés aux collectivités locales. En février 2013, le conseil général de la Seine-Saint-Denis avait obtenu du tribunal de grande instance de Nanterre l'application d'un taux d'intérêt plus favorable sur trois crédits de ce type, en l'absence de notification du taux effectif global (TEG). Cet arrêt, on l'imagine, avait fortement inquiété les banquiers, qui n'avaient aucunement l'intention de renégocier leurs prêts. Bercy les avait entendus et avait rédigé un article protecteur de tout autre contentieux au motif suivant[1] : « La généralisation d'une jurisprudence récente, relative à des produits structurés, risquerait [...] de déstabiliser le secteur bancaire français, ce qui entraînerait à la fois une restriction de l'accès au crédit par les collectivités locales et des coûts d'intervention élevés pour l'État actionnaire de certains de ces établissements

1. Exposé des motifs de l'article 60 du projet de loi de finances 2014.

bancaires. » Autrement dit, tous les contrats passés devenaient « sécurisés », plus personne ne pouvait les attaquer ! Le Conseil constitutionnel n'a pas laissé passer cela : le 28 décembre 2013, il a déclaré le dispositif contraire à la Constitution. Un coup porté à l'alliance entre Bercy et les banques.

Si la direction du Trésor et celle du Budget sont « reines » à Bercy, il en existe une autre, plus discrète mais cruciale, la Direction de la législation fiscale (DLF), qui compte environ 200 personnes et dépend de la DGFiP. Elle concrétise les changements fiscaux décidés par le Parlement ou le gouvernement et façonne beaucoup d'aspects de la vie économique des entreprises et des ménages – en se mettant parfois hors la loi ! La lecture d'un arrêt du Conseil d'État rendu le 29 octobre 2012 illustre bien cette tendance. Ce n'est pas tant le sujet abordé qui est instructif (le Crédit Agricole contestait la différence de traitement des crédits d'impôts selon qu'ils sont d'origine française ou étrangère) que les conclusions du rapporteur. Celui-ci rappelle d'abord : « Le ministre ne peut plus distribuer des indulgences selon son bon plaisir. » Bonne nouvelle ! La suite est moins réconfortante : « Si une doctrine peut être illégale par omission, et faire à ce titre l'objet d'un recours, les contribuables ne peuvent jamais utilement se plaindre de ce qu'une tolérance doctrinale illégale n'a pas un champ d'application plus large. » Autrement dit, dans ce cas, l'administration fiscale est hors la loi, mais ce n'est pas une raison pour tenter d'en profiter. « C'est loin d'être une exception, explique un avocat fiscaliste. Le pouvoir laissé à l'administration est exorbitant. » La principale arme de Bercy dans ce domaine, ce sont les instructions fiscales, ces textes qui traduisent dans la pratique tous les textes fiscaux adoptés par le Parlement et que les fonctionnaires de la DLF sont les seuls à pouvoir rédiger. En 2009, Nicolas Sarkozy a souhaité les supprimer. Mais l'administration tient à ce pré carré comme à la prunelle de ses yeux : pas question de se passer des instructions ! Elle a toutefois accepté d'être un peu plus transparente. Elle met désormais en ligne sur son portail les projets d'instructions fiscales « à fin de consultation totalement ouverte, et non plus réservée à un cercle comme précédemment », note la Cour des comptes. Celle-ci relève aussi que les entreprises jugent les délais de consultation trop courts et regrettent que certaines réformes entrent en vigueur... sans que les termes des instructions correspondantes soient connus en temps utile !

L'omerta

« Bercy détient de fait le monopole de l'évaluation des politiques fiscales, regrette Jacques Le Cacheux. L'impact de toute nouvelle mesure est calculé par la seule administration, contrairement à ce qui se passe à l'étranger[1]. » Dans les autres pays, poursuit l'éco-

1. Entretien avec l'un des auteurs, 10 décembre 2013.

nomiste, qu'il s'agisse du Congressional Budget Office (CBO) à Washington ou de l'Institute for Fiscal Studies à Londres, ce sont des organismes indépendants qui passent les mesures fiscales à la moulinette. En France, le Conseil des prélèvements obligatoires fait la même chose, au cas par cas, mais il ne dispose pas de modèle lui permettant d'avoir une vision d'ensemble. L'OFCE, classé à gauche, et l'Institut de l'entreprise, *think tank* de droite, ont tour à tour proposé aux parlementaires des modèles d'évaluation des politiques fiscales, sans succès. Bercy tient à ses prérogatives.

« Depuis que je suis élue, je n'ai jamais pu obtenir de données chiffrées du ministère », confirme Valérie Rabault, députée de Tarn-et-Garonne et vice-présidente de la commission des finances de l'Assemblée nationale. Elle a par exemple demandé, lors du lancement du CICE, s'il était possible de connaître la répartition des montants probables par département, juste pour pouvoir aborder le sujet de manière concrète avec les PME qu'elle rencontre régulièrement. Réponse négative de Bercy. « J'ai décidé de faire le calcul moi-même, raconte-t-elle, et je suis arrivée à 40 millions d'euros pour mon département. Le chiffre a paru ensuite dans *La Dépêche*[1]. » Les hauts fonctionnaires n'apprécient guère ce genre de crime de lèse-majesté. Un peu plus tard, Bercy se résout enfin à publier les montants par département. Et quel est le chiffre pour le Tarn-et-Garonne ? 40 millions

1. Entretien avec l'un des auteurs, 19 décembre 2013.

d'euros ! Le ridicule ne tue pas, même à Bercy. Mais c'est là une preuve inquiétante que le fonctionnement de cette administration d'élite n'a plus grand-chose de démocratique.

Un pas en avant, deux pas en arrière

Heureusement, en période de ras-le-bol fiscal, Bercy n'a pas toujours le dernier mot. Au dernier trimestre 2013, la révolte d'un certain nombre de contribuables a obligé l'administration à corriger le tir, quitte à mettre ses reculades sur le dos de son ministre. Le 24 septembre, Pierre Moscovici a ainsi renoncé à supprimer la déduction d'impôts pour frais de scolarité. Cette mesure, qui aurait concerné plus de 3 millions de ménages, hérissait le poil de bon nombre de parlementaires PS, qui souhaitaient pouvoir faire valoir auprès de leurs électeurs un geste en faveur de leur pouvoir d'achat. Première volte-face, donc. Toujours à la recherche de nouvelles recettes, Bercy avait aussi eu l'idée de rehausser le niveau des prélèvements sociaux à 15,5 % pour les PEA, CEL, PEL, ainsi que pour les produits d'épargne salariale ouverts depuis 1997. Le gouvernement comptait récupérer par ce moyen 600 millions d'euros. Présentée le 26 septembre dans le projet de loi de financement de la Sécurité sociale, la mesure a d'abord fait son petit bonhomme de chemin sans que personne bouge, mais les épargnants ont fini par ouvrir les yeux au moment de l'examen du texte en séance publique. L'opposition parlementaire s'est alors engouffrée dans la brèche. Résultat : le 23 octobre, soixante-douze heures après le vote de la mesure à l'Assemblée, Matignon a ordonné à Bercy de revoir sa copie. Le dimanche 27 octobre, le malheureux Bernard Cazeneuve annonce que seule l'assurance-vie investie en unités de compte sera surtaxée. « Le PEL est de l'épargne populaire par excellence, rappelle Valérie Rabault. Il y a 45 millions de comptes. Les taxer davantage n'aurait rapporté que 10 millions d'euros sur les 600 attendus. Pénaliser l'épargne populaire pour cela ? Cela n'avait aucun sens. » Un détail que les fonctionnaires de Bercy avaient manifestement oublié. Voilà pour la deuxième reculade. Si l'on ajoute celle concernant la nouvelle taxe sur l'excédent brut d'exploitation (voir le chapitre 4), cela fait beaucoup en peu de temps…

Est-ce à cause de ce désordre apparent que Pierre Moscovici n'a pas été associé au projet de « grande réforme fiscale » annoncé le 19 novembre 2013 par Jean-Marc Ayrault ? Le Premier ministre n'en a discuté qu'avec François Hollande. C'est d'autant plus vexant que Pierre Moscovici avait, quelques jours plus tôt, démenti la possibilité d'une telle réforme. Vu de l'étranger, tout cela doit sembler totalement loufoque. Lancer une vaste réforme fiscale en Grande-Bretagne sans associer George Osborne à la genèse du projet, ou en Allemagne sans Wolfgang Schäuble ? Inimaginable. En Grande-Bretagne, le chancelier de l'Échiquier est le vrai numéro deux du gouvernement. Il réside d'ailleurs au 11 Downing Street, à un seul numéro du Premier Ministre. Le Trésor de Sa Majesté (HM Treasury) est l'un des quatre grands offices d'État. Pour son titulaire, qui connaît chaque année son heure de gloire lors de la séance photo traditionnelle où il brandit la sacoche rouge contenant sa présentation du budget, cela peut représenter un marchepied vers le poste suprême, comme en témoignent les parcours respectifs du conservateur John Major ou du travailliste Gordon Brown. En Allemagne, où il existe une dichotomie entre le ministère de l'Économie et celui des Finances, le pouvoir est très clairement aux mains du second. Leurs titulaires respectifs peuvent généralement aspirer au poste suprême. Wolfgang Schäuble fut un temps le dauphin désigné de Helmut Kohl, avant de chuter sur l'affaire de la « caisse noire » de la CDU, au grand profit d'Angela Merkel. Il a néanmoins joué un rôle essentiel au sein du gouvernement de cette dernière, pesant d'un poids évident dans toutes les négociations européennes, de la gestion de la crise grecque à la mise en place de l'union bancaire.

En France, en revanche, le ministre de l'Économie et des Finances n'est pas en *pole position*. Il arrive derrière Laurent Fabius (Affaires étrangères), Vincent Peillon (Éducation nationale) et Christiane Taubira (garde des Sceaux). Depuis que Raymond Barre a occupé ce poste (1976-1978), et à l'exception peut-être de Dominique Strauss-Kahn et de Laurent Fabius, aucun ministre de l'Économie n'a jamais eu de vrai poids politique. C'est bien dommage. Car il faut manifestement un homme à poigne pour tenir les rênes d'une administration à qui il arrive parfois de mordre la ligne jaune, et très souvent de faire preuve d'une créativité fiscale débordante. Voltaire, très intéressé par la matière fiscale, l'avait bien compris. Dans un conte intitulé *L'Homme aux quarante écus*, il met en scène un propriétaire terrien dont la terre vaudrait cette somme, « n'était la taxe à laquelle elle est imposée ». Cet homme se rend un jour à l'audience que donne le « contrôleur général » – le ministre des Finances de l'époque. Certains y présentent leurs doléances, alors que des conseillers donnent des idées pour remplir les caisses de l'État, celles-ci étant bien entendu vides, ce qui explique le niveau élevé des taxes. « L'un avait imaginé de mettre des impôts sur l'esprit, écrit Voltaire. Tout le monde, disait-il, s'empressera de payer, personne ne voulant passer pour un sot. » Le ministre regarde alors le conseiller et lui dit : « Monsieur, je vous en déclare exempté. »

7

Sac de nœuds

Nul n'est censé comprendre l'impôt

En matière d'impôts, le principe n'est pas : « Nul n'est censé ignorer la loi », mais plutôt : « Nul n'est en mesure de la connaître » ! Le Code général des impôts compte plus de 4 000 articles. Connaître la règle applicable à un cas particulier suppose en outre de se référer aux 40 000 pages de circulaires et instructions fiscales diverses. Comme si cela ne suffisait pas, environ 20 % des articles du Code sont remaniés chaque année. Rien ne dit qu'une disposition en vigueur une année le sera l'année suivante, ou que la règle appliquée ne va pas changer au dernier moment, le 30 décembre, avec effet rétroactif. Le Code des impôts ? Un an pour le lire, une vie pour s'en remettre…

Cette complexité qui déroute le public est aussi valable pour l'administration. Dans un rapport publié en 2012 par la Cour des comptes, il est écrit noir sur blanc : « Le Code général des impôts est devenu aux yeux mêmes de l'administration inintelligible, avec un vocabulaire parfois désuet et une rédaction souvent obscure. Certains articles sont excessivement longs, et les modifications successives leur ont fait perdre leur cohérence[1]. » Selon le ministère de l'Industrie, la complexité administrative coûterait chaque année entre 3 et 4 % du PIB, soit 80 milliards d'euros. Pour les entreprises, c'est la fiscalité que l'on devrait simplifier avant de s'attaquer au droit du travail !

Jusqu'ici, les mesures fiscales ne sont pas allées dans ce sens, bien au contraire. Par exemple, les lois de finances pour 2013 et 2014 ont réformé le régime d'imposition des plus-values de cession de valeurs mobilières (notamment lorsqu'on vend son entreprise) en les rendant imposables selon le barème progressif de l'impôt sur le revenu. Une série d'abattements ont également été votés, ce qui n'arrange rien… Ainsi, avant la vague de réformes et contre-réformes, les chefs d'entreprise qui vendaient leur société ou les actionnaires qui cédaient des actions voyaient leurs plus-values imposées, prélèvements sociaux inclus, à 34,5 %. La réforme voulue par le gouvernement en septembre 2012 aboutissait à une taxation totale, prélèvements sociaux inclus, pouvant aller jusqu'à 62 % (si l'on ajoute les autres types de prélèvements). Face à la grogne des entrepreneurs, réunis dans le mouvement des Pigeons, des ristournes importantes ont été votées en fonction de la durée de détention de ces plus-values. Dès deux

1. « Évaluation d'une politique publique : les relations de l'administration fiscale avec les particuliers et les entreprises », rapport de la Cour des comptes, février 2012.

ans de détention, un premier abattement est introduit ; il peut monter jusqu'à 65 % au-delà de huit ans. Dans un deuxième régime dit « incitatif », visant notamment à récompenser la prise de risque, l'abattement est majoré à 85 % au-delà de huit ans et entre en vigueur dès un an de détention des titres (à 50 %). Ce régime s'applique aux PME créées il y a moins de dix ans et aux jeunes entreprises innovantes, mais aussi en cas de cession « intrafamiliale » et de départ à la retraite du dirigeant.

Ah, la niche !

On retrouve toujours la même tendance : un principe général, puis des cas particuliers. Une tradition bien française qui aboutit à un système mité par l'abondance des « niches », ces 460 dispositions « dérogatoires » dont le montant devrait atteindre 80 milliards d'euros en 2014. Une somme qui pourrait combler la quasi-totalité du déficit de l'État, qui devrait être de 82,2 milliards d'euros. Supprimons les niches et nous serons tirés d'affaire ! Qui plus est, l'opinion applaudirait, au moins le slogan. Car chacun s'imagine être exclu de ces privilèges dont bénéficieraient les autres. La réalité est bien différente.

« Niches » est le nom vulgaire des « dépenses fiscales » ainsi définies par la Cour des comptes : « pertes de recettes directes résultant des dérogations fiscales ». Le constat des sages de la rue Cambon sème le trouble : ces niches « ne sont pas stables », ont « une définition imprécise et une liste peu cohérente », ainsi que des « coûts incertains ». De plus, l'administration modifie constamment la liste des « dépenses fiscales » de manière peu compréhensible, que ce soit en termes de motivations ou de conséquences économiques. C'est ainsi que le taux réduit de TVA est une niche dans le cas des hôtels et de la presse, mais devient une « modalité particulière de calcul de l'impôt » – délicieuse expression – lorsqu'il s'agit du livre ou du transport de voyageurs. Or ces « modalités particulières de calcul de l'impôt » ne figurent pas dans la longue liste des niches annexée au projet de loi de finances de l'année voté par la représentation nationale. Pour s'en convaincre, il suffit de se livrer à un petit exercice certes un peu aride, mais instructif : parcourir l'article 81 du Code général des impôts, qui affranchit de l'impôt sur le revenu 38 cas particuliers, parmi lesquels on trouve pêle-mêle des pensions d'invalidité aux victimes de guerre, des pensions d'orphelin, des versements dans le cadre de l'intéressement, les majorations de retraite pour charge de famille… Notre filet fiscal est bien troué.

Qu'à cela ne tienne : « Nous allons nous attaquer aux niches », a déclaré Bernard Cazeneuve, ministre du Budget, en septembre 2013. Il n'a pas précisé alors que cette démarche allait consister à en créer une nouvelle, et une belle : le crédit d'impôt compétitivité emploi (CICE), qui sera de loin la niche la plus onéreuse en 2014, puisqu'elle coûtera à l'État 9,8 milliards d'euros. Il s'agit d'une réduction d'impôt calculée sur la masse salariale de l'entreprise, à hauteur de 4 % pour 2013 (6 % en 2014) des salaires compris entre 1 et 1,5 fois le smic. Les secteurs les plus gourmands en main-d'œuvre devraient recevoir le plus gros chèque. En 2013, le principal bénéficiaire du CICE aura été… La Poste, avec 297 millions d'euros. Pas sûr que cela renforce la compétitivité de la France.

Sur la deuxième marche du podium des niches les plus coûteuses, le crédit d'impôt recherche, dont le coût devrait être de 5,8 milliards en 2014. Enfin, médaille de bronze : le taux réduit de TVA pour les travaux d'amélioration, de transformation, d'aménagement et d'entretien des logements. Le coût de cette niche devrait baisser (il est prévu qu'il passe de 5 milliards en 2013 à 3,9 milliards en 2014) en raison des hausses de TVA annoncées. Mais, comme François Hollande a aussi promis une baisse de la TVA de 7 à 5 % sur les travaux de rénovation thermique, rien n'est moins sûr…

Le gouvernement n'envisage certainement pas de supprimer ces niches-là. Pas plus qu'il ne compte toucher à l'avantage fiscal accordé aux détenteurs de livrets A, dont il vient de remonter le plafond. Pas plus qu'il ne prévoit de remettre en cause les 21 milliards d'euros d'allégement de charges pour les bas salaires (il s'agit ici de niches sociales : elles consistent en des allégements de cotisations sociales dont le total s'élève à 52 milliards d'euros). Chaque année, bien sûr, la Cour des comptes étrille quelques poches fiscales qui ne profitent qu'à une poignée de *happy few*. Par exemple, les placements outre-mer comme le Girardin (réduction de l'impôt à hauteur de 70 % des fonds investis dans l'immobilier ou dans une entreprise pour financer des logements sociaux ou des équipements hôteliers), dont le coût pour l'État a été estimé à 1,23 milliard d'euros en 2012, ou encore les Sofica, ces sociétés de financement du cinéma et de l'audiovisuel qui permettent de réduire son impôt à hauteur de 30 % de l'investissement réalisé, au nom de l'exception culturelle française.

En principe, un régime spécial ne correspond pas à une faveur du prince, mais à l'application d'une politique. Il doit avoir une justification. Il faudrait donc juger en permanence du coût et de l'utilité de chaque « dépense fiscale » avant de la supprimer. « La thérapie de choc consistant à abroger l'ensemble des dispositifs dérogatoires nécessite la mise en œuvre de traitements différenciés en fonction des impôts et des contribuables concernés, estime Jean Arthuis, sénateur centriste. Une partie des avantages perdus par les contribuables devra être compensée par une révision à la baisse des barèmes[1]. » Il est donc totalement illusoire de penser que l'on pourra supprimer toutes les niches et économiser d'un coup 80 milliards d'euros. « Le "plafonnement" constitue dans ce domaine une "approche" douce dont les retom-

1. Jean Arthuis, *SOS finances publiques. Osons les vraies réformes !*, Calmann-Lévy, 2011.

bées, en termes d'économies, restent largement symboliques », poursuit l'élu. Le gouvernement a ainsi décidé qu'en 2013 un même foyer fiscal ne pourrait bénéficier d'avantages fiscaux d'un montant supérieur à 10 000 euros, alors que ce montant était de 25 000 euros en 2009 et de 18 000 euros auparavant.

Souriez, vous êtes contrôlés

Évidemment, plus le système est compliqué, plus il nécessite de contrôles. Cinq mois à peine après son lancement, le CICE avait déjà fait l'objet de détournements ! Des sous-traitants se plaignirent auprès de Bercy d'un « chantage » de la part de leurs clients, grands prestataires, pour qu'ils répercutent le bénéfice du crédit d'impôt sur leurs prix. « Il y a des phénomènes de racket sur le terrain », a même tonné Arnaud Montebourg le 2 octobre 2013. Il n'en fallut pas plus pour qu'un médiateur soit nommé et que soient affectés à l'encadrement du dispositif 160 agents de la répression des fraudes. La législation est devenue tellement complexe que les contrôleurs doivent souvent arbitrer des questions qui sortent de leur domaine de compétence, par exemple la valeur scientifique d'une étude dans le cas du crédit d'impôt recherche (CIR). Celui-ci était d'ailleurs qualifié dès 2007 par le Conseil d'État de « stroboscope législatif permanent » – contradiction dans les termes, puisque le stroboscope est une source de lumière intermittente. La mesure, dont la documentation comporte plus de quarante pages, avait déjà connu à l'époque vingt-trois modifications législatives… en vingt-trois ans.

Steve Rosenblum, cofondateur, avec son frère, de Pixmania, n'est pas près d'oublier le contrôle qu'il a subi en 2011. « Nous avions obtenu un crédit d'impôt recherche pendant les sept années durant lesquelles nous avions investi entre 15 et 20 millions d'euros en recherche et développement, raconte-t-il. Un jour, un inspecteur du fisc a débarqué, accompagné d'un jeune stagiaire de 24 ans. Ils ont fait un audit, puis nous ont dit qu'on n'était finalement pas éligibles au CIR. Pourtant, on avait fait appel à une société de recherche pour fournir tous les documents *ad hoc*. » Pixmania écope alors d'un redressement de 7,5 millions d'euros. « J'ai su par la suite qu'ils avaient remboursé la moitié de ces pénalités, poursuit Steve Rosenblum. Mais, pour moi, c'était trop tard. Entre les syndicats et le fisc, qui redresse sur la base d'un audit fait par un minot de 24 ans et par un inspecteur qui n'y connaît rien, c'en était trop. J'ai décidé de vendre et de quitter un pays qui non seulement ne vous aide pas, mais en plus vous coupe les ailes[1]. »

Devant l'avalanche des contrôles fiscaux subis par ses adhérents, le Medef tire la sonnette d'alarme et organise, le 15 octobre 2013, un colloque intitulé : « Le contrôle fiscal : routine ou traumatisme ? » On se doute de la réponse… Pour l'occasion, le syndi-

---

1. Entretien avec l'un des auteurs, 26 novembre 2013.

cat des patrons a fait réaliser par le cabinet Arsene Taxand une étude auprès de 780 de ses membres. La conclusion est sans appel : au cours des trois dernières années, le fisc a durci ses contrôles, les vérificateurs appliquant plus souvent qu'auparavant des pénalités de 40 % injustifiées. Les chiffres semblent corroborer ce constat : en 2012, les contrôles fiscaux ont rapporté à l'État 18 milliards d'impôts, soit 21 % de plus qu'en 2011 ! Et ce n'est pas fini. « Je serais assez satisfait de pouvoir faire entre 2 et 2,5 milliards d'euros de plus cette année », déclarait Bernard Cazeneuve sur BFM en juin 2013. Interviewé dans *Challenges* en octobre 2013, Alexandre Gardette, alors chef du service du contrôle fiscal à la Direction générale des finances publiques (DGFiP), affirmait : « Le nombre de contrôles approfondis reste stable pour la bonne raison que nos effectifs de 5 000 vérificateurs stagnent. [...] le gouvernement ne nous fixe pas d'objectif chiffré de rendement [...] mais nous sommes effectivement plus fermes sur les pénalités, pas pour faire du chiffre facile, mais pour marquer notre volonté[1]. » « Les contrôleurs du fisc en France sont devenus une véritable police fiscale dotée d'un droit de sanction exorbitant qui fonctionne à deux vitesses, estime pour sa part Alain Minc, essayiste, fondateur d'AM Conseil. Le contribuable lambda, lorsqu'il est contrôlé, peut se faire littéralement matraquer, ce qui

1. Cité *in* « Contrôles fiscaux, l'overdose ? », *Challenges*, 7-13 novembre 2013.

cause parfois de vrais drames. C'est le pot de terre contre le pot de fer. En revanche, les très gros dossiers sont traités par des gens compétents issus de directions de la vérification fiscale qui les gèrent de manière intelligente et extrêmement professionnelle. Les grands acteurs dialoguent et optimisent les négociations, alors qu'il y a confrontation entre le contribuable de base et le fisc[1]. »

Le 15 octobre 2013, lors du colloque au Medef, c'est les larmes aux yeux que Sylvie Brossard, patronne d'une petite boîte de communication, raconte ses quatorze années de bataille contre le fisc. Un premier contrôle relève certaines irrégularités. « Je n'y connaissais rien en fiscalité, j'étais mal conseillée », reconnaît-elle. Le redressement est assorti de 40 % de pénalité pour « mauvaise foi », la vérificatrice considérant que la contribuable a cherché à l'éviter, alors qu'elle se trouvait à l'hôpital pour une grossesse difficile. Sylvie Brossard gagne son recours au tribunal administratif. L'administration, vexée, lui colle un deuxième contrôle, assorti lui aussi de pénalités vu son passé de « mauvaise contribuable ». Sylvie Brossard, désespérée, ira jusqu'à menacer d'aller s'enchaîner aux grilles du ministère des Finances. Aujourd'hui, les patrons ont le sentiment que le fisc est passé à l'offensive avec des objectifs non affichés de rendement. Les caisses de l'État sont vides, il faut bien faire rentrer l'argent par tous les moyens…

1. Entretien avec l'un des auteurs, 17 octobre 2013.

Complexe et instable

Valérie Rabault, députée de Tarn-et-Garonne et vice-présidente de la commission des finances de l'Assemblée nationale, raconte une histoire un peu similaire : « Dans ma circonscription, une petite entreprise qui fabriquait des jeux pour enfants était censée appliquer des taux de TVA différents en fonction de la forme des tubes utilisés, ou encore selon que les jeux étaient prévus pour être montés en extérieur ou en intérieur. Après avoir été contrôlée, alors que sa dirigeante était de bonne foi, l'entreprise a été condamnée à trois ans de redressement fiscal, ce qui équivalait tout simplement à la tuer[1]. » La patronne a eu la bonne idée d'aller voir sa députée pour demander de l'aide. Il a fallu que cette dernière interpelle Bernard Cazeneuve en pleine séance à l'Assemblée nationale pour que le dossier avance. « Ce n'est pas normal que l'on soit obligé d'en arriver là, juge l'élue. Avec de tels comportements, l'administration massacre les PME. » « Le fisc a une vision punitive et ne comprend pas que le contribuable ne choisisse pas la solution fiscale la plus onéreuse[2] », explique également Robert Baconnier, qui fut directeur général des Impôts, puis patron du bureau Francis Lefebvre.

Les PME et les particuliers non fortunés n'ont pas à leurs côtés ces armées de fiscalistes chevronnés,

1. Entretien avec l'un des auteurs, 19 décembre 2013.
2. Entretien avec l'un des auteurs, 13 décembre 2013.

avocats spécialisés, gestionnaires de fortune, qui rivalisent d'imagination pour permettre à leurs clients de payer le moins d'impôts possible. Voilà des générations que les agents du fisc et les conseillers fiscaux sont les meilleurs ennemis du monde. Comme le soulignait Alexandre Gardette dans *Challenges*, les effectifs des contrôleurs stagnent, « contrairement à la population des conseillers fiscalistes[1] ». Pour tous les acteurs de cette profession, plus les impôts pleuvent, plus le consentement à l'impôt diminue et plus les honoraires grossissent. Chez les spécialistes, comme les cabinets Francis Lefebvre ou Arsene Taxand, sans compter tous les grands cabinets d'avocats d'affaires, la prestation peut être facturée 450 ou 500 euros de l'heure. Pour rapatrier des fonds de l'étranger, les honoraires se calculent en fonction du montant, par exemple 1,5 % jusqu'à 2 millions d'euros et 1 % au-delà. Certains même n'hésitent pas à s'offrir des publicités en pleine page dans *Le Monde*, comme l'a fait Carmignac Gestion le 5 juillet 2013 pour dénoncer la « tonte fiscale » à la Hollande. D'autres, flairant un marché en pleine expansion, cassent les prix. Jean-François Fliti, cofondateur d'Allure Finance, offre par exemple à un groupe de familles une expertise discount à 300 euros de l'heure, soit 40 % de moins que les gros cabinets[2]. Et ça marche… Fiscaliste est

1. « Contrôles fiscaux, l'overdose ? », *Challenges*, art. cité.

2. « Le business en or de l'exil fiscal », *L'Expansion*, 5 décembre 2012.

donc plus que jamais un métier en or. Selon le cabinet de recrutement spécialisé Robert Half, c'est même l'un des métiers les plus porteurs. Avec seulement deux ou trois ans d'expérience, un fiscaliste débutant peut toucher entre 50 000 et 60 000 euros brut par an. Voilà un secteur d'activité qui ne connaît pas le chômage, et ne le connaîtra sans doute pas avant longtemps.

Car à la complexité s'ajoute l'instabilité : ce qui perturbe les chefs d'entreprise, c'est moins le poids des impôts qu'un environnement fiscal incertain. Comment, en effet, programmer des investissements ou des projets de développement sur deux, trois, voire cinq ans ou plus, sans visibilité fiscale ? Tous déplorent l'absence de logique fiscale, les hausses d'impôts étant suivies de nouvelles niches fiscales ; tous redoutent l'instabilité du droit du travail et s'étranglent face à la cacophonie gouvernementale. Comment s'y retrouver lorsque le gouvernement décide un jour d'augmenter la fiscalité et l'impôt sur les bénéfices, et annonce le lendemain la création d'un crédit d'impôt, puis une baisse des charges qui devrait se cumuler avec ce crédit d'impôt d'une manière qui reste encore à définir ? Ces volte-face incessantes génèrent un tel climat d'incertitude et d'insécurité que les entrepreneurs préfèrent geler toute initiative. Et si même les entrepreneurs lèvent le pied, que dire des investisseurs étrangers ?

Hapsatou Sy n'en est toujours pas revenue. Cette Mauritanienne de 32 ans est à la tête d'une chaîne de dix-sept « espaces de beauté », fondée en 2005 sous le nom d'Ethnica et récemment rebaptisée à son nom. Elle cherchait des investisseurs pour l'aider à financer son développement. « J'ai eu plusieurs réponses positives, a-t-elle expliqué début 2013 sur Europe 1, mais toutes étaient assorties de la même condition : délocaliser le siège de mon entreprise. » Plutôt que de quitter la France, qui lui avait donné sa chance, cette fille d'ouvrier et de mère au foyer élevée à Chaville a préféré reporter ses projets à plus tard, non sans une pointe de regret. Cette situation, les gestionnaires de *private equity* encore basés en France y sont confrontés chaque fois qu'ils démarchent des investisseurs étrangers pour les inciter à investir dans leurs fonds : lorsqu'ils y parviennent, c'est souvent après avoir accepté de leur verser des rendements annuels dont les taux sont majorés d'une forte prime de risque pour instabilité fiscale et juridique.

Rien d'étonnant alors à ce que, ces derniers mois, les pays européens qui ont le plus profité des investissements étrangers soient l'Irlande, la Belgique, les Pays-Bas et le Luxembourg, « des pays à la fiscalité accueillante et offrant un environnement très favorable aux établissements et aux organismes financiers », souligne un rapport publié le 28 janvier 2014 par la Conférence des Nations unies sur le commerce et le développement (Cnuced). Conscient du problème, François Hollande a annoncé, le 17 février, une série de mesures favorables au retour des capitaux étrangers. Pour compenser le taux d'impôt sur les sociétés, aujourd'hui le plus élevé d'Europe, le crédit d'impôt recherche a été sanctuarisé et élargi à l'innovation : « L'obligation est d'assurer la stabilité des normes et des mécanismes fiscaux », a déclaré le président de la République lors du premier Conseil stratégique de l'attractivité tenu à l'Élysée. Pour ce faire, toute entreprise française ou étrangère pourra valider avec le fisc français les règles qui s'appliqueront à son investissement. Et, dès 2014, un bureau des investissements en France va être mis en place pour délivrer aux investissements étrangers des garanties sur la fiscalité qui leur sera appliquée. Pas sûr que les gros poissons mordent à l'hameçon…

Au final, quel jugement porter sur notre système fiscal ? Complexe, il devrait être juste, puisque l'État ne cherche pas seulement des ressources pour financer des biens et services publics, mais souhaite aussi opérer une certaine redistribution. Il tient donc compte de la grande variété des situations particulières : nature du revenu imposable, composition du foyer fiscal, charges particulières, et bien d'autres encore. Alors, notre système fiscal est-il juste ou injuste ? On s'en doute, la réponse n'est pas simple. L'impôt sur le revenu est-il progressif ou non ? Autrement dit, les riches paient-ils, en proportion, plus ou moins d'impôts que les pauvres ? Cette fois, la réponse est simple, même si elle va à l'encontre d'une idée reçue. Nous la donnerons un peu plus loin dans ce livre.

8

Folies locales

L'irrésistible hausse des impôts locaux

La boulimie fiscale n'est pas l'apanage des parlementaires ni de nos dirigeants. Depuis belle lurette, les élus locaux ont eux aussi renoncé à se serrer la ceinture.

« C'est un engagement ferme : les impôts locaux n'augmenteront pas. Et je suis une femme de parole. » Voilà ce qu'a affirmé, le 10 janvier 2014, Anne Hidalgo, candidate PS à la mairie de Paris. Elle répondait à Nathalie Kosciusko-Morizet, qui l'avait accusée en novembre 2013 de préparer une « razzia fiscale ». Gérard Collomb, lui, n'a pas caché son intention d'augmenter les impôts des Lyonnais, comme il l'a toujours fait, « une fois en début de mandat ». Mais il a aussitôt précisé qu'il pensait être « le maire qui a le moins augmenté la fiscalité depuis le dernier mandat d'Édouard Herriot[1] ». Il

1. « Sitôt élu, Gérard Collomb augmentera les impôts, "une seule fois" », *LyonMag*, 27 août 2013.

est aussi l'un des rares élus à annoncer la couleur. Prudents, les autres préfèrent se taire.

Rien de tel à l'UMP et au Front national : ces deux partis ont axé leur campagne sur le refus de toute hausse des impôts locaux pendant les prochains mandats municipaux (2014-2020). Un engagement qu'un « honnête homme » hésiterait à prendre. Sauf que, pour être élus, les politiques sont prêts à tout promettre, les yeux rivés sur les sondages. Celui publié en décembre 2013 a dû attirer leur attention[1]. « Les impôts locaux » arrivent en tête des enjeux pour les municipales de 2014 pour 51 % des Français, devant « la sécurité » (32 %) et « le développement économique et la création d'emplois » (31 %). Le pourcentage est même plus élevé dans les communes de 5 000 à 20 000 habitants (55 %) ; « les impôts locaux » dépassent de peu « la sécurité » dans les communes de plus de 100 000 habitants (48 % pour les impôts, 45 % pour la sécurité). On ignore si les impôts locaux préoccupent plus ou moins que les impôts nationaux, car la question n'était pas posée. La concurrence doit être rude !

Un mille-feuille territorial bien crémeux

Ces taxes sont souvent les plus détestées des contribuables. Il y a d'abord les « vieilles » : la taxe d'habitation, payée par les ménages et les entreprises, qui a

1. Sondage OpinionWay pour LCI.

rapporté 19,3 milliards d'euros en 2012 – une manne destinée aux seules communes ; la taxe sur le foncier bâti (27,3 milliards d'euros pour les communes et les départements), et celle sur le foncier non bâti (1 milliard d'euros pour les communes). Et puis il y a la petite nouvelle, qui doit faire ses preuves : la « contribution économique des entreprises », qui a succédé en 2010 à la célèbre taxe professionnelle. Elle est composée de deux sous-taxes : l'une foncière (6,6 milliards d'euros pour les communes), l'autre sur la valeur ajoutée (15,2 milliards d'euros répartis entre communes, départements et régions). Au total, les impôts locaux et les impôts nationaux affectés aux collectivités locales représentent 60 % de leurs recettes, le solde étant apporté par des concours de l'État (28 %) et d'autres recettes (12 %). La dépense totale des collectivités locales en 2012 s'est élevée à 226 milliards d'euros : 56 % pour les communes et communautés de communes, 32 % pour les départements et 12 % pour les régions. Les dépenses de fonctionnement en absorbent 70 % et l'investissement 30 %.

Sur le papier, la répartition des rôles et des compétences entre toutes les couches du mille-feuille territorial est assez claire. Les 37 000 communes (quatre fois plus qu'en Allemagne et en Italie) ont en charge l'aménagement urbain, les crèches et les garderies ainsi que l'enseignement primaire. Aux 101 départements incombent les aides sociales pour les familles et l'enfance, les personnes handicapées, les allocations RSA, trois postes de l'« action sociale » qui pèsent pour 60 % de leurs dépenses. Enfin, les 27 régions s'occupent de la formation professionnelle, des lycées publics et du transport ferroviaire régional. Si l'on ajoute à cela les 35 000 « communautés de communes », les 16 000 « syndicats intercommunaux » à vocation unique ou multiple et les « pays », qui coordonnent les politiques des « communautés de communes », on finit par s'y perdre. Le tout forme un ensemble complexe et coûteux, le bien connu « millefeuille territorial », qui ne permet plus au citoyen de savoir qui fait quoi avec ses impôts. « On n'y comprend plus rien », regrette Bruno Grandjean, qui a été pendant huit ans conseiller municipal de Fontainebleau. « Tout est éparpillé entre les différents échelons territoriaux et, comme la chambre régionale des comptes n'a fait aucun contrôle des comptes de la commune, les élus peuvent faire dire ce qu'ils veulent aux chiffres[1]. »

Le mille-feuille, lui, se porte bien. Il est même crémeux à souhait : les « produits fiscaux locaux » ont ainsi augmenté de 170 % entre 1982 et 2012 (en euros constants), alors que la population n'augmentait que de 20 %. Sur les seules dix dernières années, la hausse a été de 40 %, alors que le PIB ne progressait que de 10,6 %. Dans cette hausse spectaculaire, les responsabilités sont partagées entre l'État et les collectivités locales, qui entretiennent entre eux des relations compliquées – et cela ne date pas d'aujourd'hui. « Les départements et les régions ont ainsi été fondés par les constituants de 1789, au terme d'une longue hésitation qui aboutit à la conclu-

1. Entretien avec l'un des auteurs, 9 janvier 2014.

sion qu'il est “préférable de créer quatre-vingts roquets à vingt dogues puissants”[1] », rappelle le sénateur Jean Arthuis. On comprend que les débats au Parlement sur ce sujet soient souvent passionnés ! En juillet 2004, par exemple, au cours de la discussion de la loi sur « l'autonomie financière des collectivités locales », celle-ci fut présentée par le Premier ministre, Jean-Pierre Raffarin, comme la « mère de toutes les réformes ». Ce projet de loi se proposait d'appliquer le principe introduit en 2003 dans la Constitution selon lequel les collectivités territoriales « s'administrent librement ». Laurent Fabius, alors dans l'opposition, se répandit dans la presse en le qualifiant de « totale imposture » et d'« œuvre de démolition des collectivités locales ». La majorité répliqua en séance en reprochant à la gauche les nombreuses dérives des finances locales constatées sous ses mandatures.

Lors de la séance du 13 juillet 2004, le centriste Charles de Courson, décidant de prendre un peu de hauteur, met le sujet en perspective : « La question du financement des collectivités territoriales est au cœur même de la conception que l'on se fait de la démocratie locale. » Une première conception est celle de Tocqueville et de tous les défenseurs des libertés locales, qui considèrent qu'une certaine liberté de fixation du taux ou de l'assiette des impôts par les collectivités territoriales est un élément central de la démocratie. Le consentement à l'impôt est en effet à la source de celle-ci, et le niveau des dépenses publiques locales

1. Jean Arthuis, *SOS finances publiques*, *op. cit.*

est étroitement lié aux choix fiscaux. Cette conception est partagée par la quasi-totalité des élus locaux et une grande partie des élus nationaux. « La seconde conception, poursuit Charles de Courson, est celle de tous ceux qui se méfient des élus locaux, et qui sont nombreux en France. Ceux-ci pensent qu'il faut limiter au maximum les dépenses publiques locales, en allouant aux collectivités des dotations ou une part d'impôts nationaux et en les laissant se financer le moins possible par des impôts dont elles déterminent librement le niveau. Cette conception est défendue par la très grande majorité de la haute fonction publique française et par tous les jacobins, qui, hélas, ne se recrutent pas seulement à gauche. »

Résultat de cette schizophrénie : c'est l'État qui détermine l'assiette des impôts locaux, tandis que les collectivités locales ne peuvent faire varier que les taux des « vieilles », des droits de mutation à titre onéreux et de la taxe d'enlèvement des ordures ménagères. Cette liberté est en outre soigneusement encadrée. Pour les communes, par exemple, les taux de la taxe d'habitation et ceux des deux taxes foncières ne doivent pas dépasser un plafond égal à 2,5 fois la moyenne nationale de l'année précédente ou de la moyenne départementale si elle est plus élevée.

Cette façon de couper la poire en deux – à l'État l'assiette, aux collectivités locales les taux – était peut-être un bon moyen de ménager les susceptibilités, mais elle a eu des effets dévastateurs. Prenons la tristement célèbre taxe d'habitation et étudions-la à travers nos deux couples témoins, M. et Mme Riches et M. et Mme Moyens. Le « taux d'effort » des ménages (taxe d'habitation/revenu imposable[1]) est d'abord progressif : 0,30 % pour le premier décile (les ménages les plus modestes), puis 0,50 % pour le deuxième et jusqu'à 2 % pour M. et Mme Moyens. Ensuite, le taux d'effort redescend lentement pour se situer à 1,35 % pour M. et Mme Riches. Une fois de plus, M. et Mme Moyens sont les dindons de la taxe ! Les bas revenus, eux, profitent d'exonérations multiples, et les plus hauts ne paient pas grand-chose en proportion de leurs revenus, puisque les valeurs locatives de leur patrimoine immobilier n'ont pas été revues depuis belle lurette.

Un bon impôt est un vieil impôt

La loi du 30 juillet 1990 avait pourtant fixé le principe d'une révision générale des valeurs locatives servant de base au calcul de plusieurs impôts locaux. Vingt-trois ans plus tard, toujours rien en vue. Relancée en 2005 par un sénateur affirmant que « cette inadaptation des bases est source d'iniquités[2] », l'administration a eu cette réponse extraordinaire : « Cette révision aboutirait à des transferts importants entre contribuables » ! Donc, surtout, ne changeons rien. « Un bon impôt est un vieil impôt » : voilà l'une des

1. Statistiques de la Direction générale des finances publiques.
2. Question écrite n° 19587 de M. Alain Fouché (Vienne).

devises des hauts fonctionnaires français en charge de la législation fiscale. En mars 2009 encore, un amendement est déposé par Jean-Pierre Balligand (PS) et Gilles Carrez (UMP) pour qu'il soit « procédé à une révision générale des valeurs locatives des immeubles bâtis retenus pour l'assiette des impositions directes locales ». Peine perdue, car l'administration veille… à sa tranquillité : adopté en commission des finances, cet amendement est retiré à la demande du gouvernement de François Fillon. Le sujet est revenu à l'ordre du jour en septembre 2013, lorsque Pierre Moscovici a annoncé dans un communiqué de presse le « lancement de la concertation pour la révision des valeurs locatives des locaux d'habitation ». Concertons, concertons, il en sortira peut-être quelque chose. Rien n'est moins sûr : on se souvient en haut lieu que Margaret Thatcher est tombée en voulant réformer la *poll tax*, l'impôt local anglais. L'idéal de justice fiscale ne résiste pas longtemps face à la perspective d'une défaite électorale. Et tant pis pour M. et Mme Moyens.

L'État a une autre responsabilité dans la situation actuelle des collectivités locales : le transfert à leur charge de certaines dépenses sociales. Il s'agit du financement et de la gestion de l'allocation RSA (7,5 milliards d'euros en 2012, en hausse de 5,2 %) ; de l'aide sociale à l'enfance (6,7 milliards, en hausse de 3 %) ; de l'aide aux personnes handicapées (5,8 milliards) et aux personnes âgées (6,8 milliards). Ces transferts n'expliquent pas la croissance des dépenses publiques locales. En 1982, ces dernières ne représentaient que

7,9 % du PIB[1] ; en 2012, ce ratio est passé à 12 %, soit + 4,1 % (+ 83 milliards d'euros), où les transferts ne représentent que 1,6 point. Puisqu'ils n'ont pas été totalement compensés par des ressources affectées par l'État, l'augmentation de cette charge a été financée pour partie par des hausses d'impôts locaux.

La décentralisation de l'irresponsabilité

Pour autant, les collectivités locales n'ont guère tenté de compenser ce manque de ressources par une baisse de leurs dépenses de personnel, bien au contraire. La fonction publique territoriale, qui occupe aujourd'hui 1 881 800 salariés, est bonne mère. Les dépenses de personnel ont ainsi augmenté de 50 % entre 2004 et 2012, et encore progressé de 3,3 % en 2012. Pour couronner le tout, la Cour des comptes relève : « La loi de programmation des finances publiques 2012-2017 prévoit que les collectivités territoriales participent à l'effort de redressement des comptes publics, avec, comme première orientation, une progression de la masse salariale limitée à un rythme annuel de 2,5 % en valeur[2]. » Quelle entreprise pourrait se permettre une telle ligne de conduite avec

1. Chiffres tirés du rapport du Conseil des prélèvements obligatoires, « La fiscalité locale », mai 2010, mis à jour avec les données Insee pour 2012.

2. Cour des comptes, « Les finances publiques locales », Rapport public thématique, octobre 2013.

une prévision de chiffre d'affaires de + 1 % l'an ? Les syndicats applaudiraient peut-être ; l'entreprise, elle, ferait faillite à coup sûr. Car non seulement les dépenses augmentent, mais les recettes baissent. Les impôts locaux et les impôts nationaux affectés vont voir leur rendement handicapé par la très faible croissance économique des prochaines années. L'alerte endettement a déjà viré au rouge vif, puisqu'il s'élève à 154 milliards d'euros, soit 10 % de la dette publique globale. De plus, le niveau national se désengage. Lors du Comité des finances locales du 15 mai 2013, l'État a annoncé la réduction de ses dotations de 1,5 milliard d'euros en 2014 et de 1,5 milliard d'euros supplémentaires en 2015. Ajoutons à cela les retards ou les insuffisances de compensation sur des dépenses sociales transférées en forte croissance telles que le RSA et l'allocation personnalisée d'autonomie (APA). Sachant que seuls les investissements peuvent être financés par l'emprunt, les dépenses de fonctionnement sont directement à la charge des contribuables. Il y a donc une pression inexorable à la hausse des impôts locaux, sauf si l'on parvient à réduire les dépenses.

En principe, la décentralisation devrait permettre une gestion au plus près des administrés. Mais la dispersion des responsabilités et de l'action au niveau local a abouti au résultat inverse de celui escompté en créant en quelque sorte des « non-économies d'échelle ». Pour y parer, il faut mutualiser. C'est le vaste chantier qui a été entamé par la « loi de réforme des collectivités locales » du 16 décembre 2010. Le projet était séduisant : réaliser des économies de gestion substantielles et réduire le « mille-feuille » territorial en spécialisant régions et départements, en facilitant la fusion de communes, en développant la coopération intercommunale… Jusqu'à maintenant, l'expérience des communautés de communes est décevante. Aujourd'hui, 97 % des communes se sont regroupées, mais malgré ces rapprochements les économies n'ont pas été au rendez-vous. Toutes les communes, dont 75 % comptent moins de 700 habitants, ont gardé leur maire, ou leurs pompiers, ou leurs éboueurs. Résultat : alors qu'au départ elles étaient censées réduire de moitié leurs effectifs, elles ont continué à embaucher massivement. Ainsi, 111 000 nouveaux postes ont été créés entre 1998 et 2008. Le Conseil des prélèvements obligatoires concluait en 2010 : « La mise en œuvre de l'intercommunalité a conduit à une hausse du prélèvement fiscal[1]. » Raté.

Le rêve de la réforme

Lors de sa conférence de presse du 14 janvier 2014, François Hollande a dit vouloir « en finir avec les enchevêtrements, les doublons et les confusions ». Dans la foulée, il a proposé une réduction du nombre de régions, qui pourrait passer de 22 à 15. Rien de nouveau sous le soleil : en 2009, le comité Balladur proposait

1. *Ibid.*, encadré n° 9.

déjà la même chose. Pas d'objectif chiffré non plus, donc nul ne sait à ce stade quelles économies pourraient être faites à la suite de ces fusions. Par ailleurs, la loi exige la consultation des administrés. Expérimenté en Alsace, le projet de fusion d'échelons locaux a tourné court. Le 7 avril 2013, les Alsaciens, appelés à se prononcer par référendum, ont répondu clairement non au projet – inédit – de fusionner leurs collectivités départementales et régionales. La proposition a fait l'objet d'un rejet massif par les électeurs du Haut-Rhin et d'une très forte abstention dans toute l'Alsace. Principal initiateur du projet, le président du conseil régional, Philippe Richert (UMP), déplorant un immense gâchis, a exprimé ses regrets après le scrutin : « La question du mille-feuille reste ouverte. Nous avons raté le coche pour dix, quinze ou vingt ans[1]. » L'ancien ministre des Collectivités territoriales de Nicolas Sarkozy évoquait ainsi la possibilité future de mieux coordonner la gestion des transports publics régionaux, celle des collèges et lycées ou celle des prestations sociales. La première réforme que le gouvernement devrait faire s'il veut mener à bien la fusion de certaines régions, c'est de supprimer l'obligation de consulter la population… Pas sûr que cela passe !

L'action gouvernementale a néanmoins repris avec la « loi de modernisation de l'action publique territoriale et d'affirmation des métropoles », votée le

1. Site Internet des *Dernières Nouvelles d'Alsace*, 7 avril 2013.

19 décembre 2013. L'ambition est d'améliorer le pilotage et de renforcer la coordination de l'action territoriale aux différents niveaux. Elle est mise au service d'un objectif qui fait plaisir à lire : « Sur ces bases, le gouvernement propose au Parlement d'identifier clairement les échelons pertinents de l'action publique afin d'accroître la performance de l'ensemble des collectivités publiques, participant ainsi à la réalisation d'objectifs partagés déterminants pour l'avenir de notre pays, tels que le rétablissement de sa compétitivité, condition essentielle du retour de la croissance, et le développement des solidarités. » C'est en ces termes que, le 10 avril 2013, Marylise Lebranchu présentait son projet de loi. L'intention est donc bonne ; la loi prévoit des outils pour une meilleure coordination de l'action territoriale (un chef de filat[1], un Haut Conseil des territoires, un pacte de gouvernance, un rapport annuel de la Cour des comptes) et institue un statut de métropole pour les ensembles urbains de plus de 400 000 habitants, en l'adaptant pour Paris, Lyon et Marseille. Très bien, mais pour l'instant ce texte semble introduire davantage de complexité qu'autre chose. On ne fait qu'ajouter une couche au mille-feuille territorial. À quand le prochain ajout au nom de la simplification ?

Quelle que soit la qualité de la « boîte à outils » territoriale, la solution ne se trouve pas dans les textes,

1. Collectivité territoriale désignée par le législateur chef de file sur une compétence ou un projet particulier.

mais dans la volonté, l'énergie et la créativité dont feront preuve tous les acteurs du dossier. Au premier rang figurent les 600 000 élus locaux, qui devraient faire de la compétitivité une véritable obsession quotidienne. Vient ensuite l'administration nationale, qui a la responsabilité de faire refluer les charges transférées en rationalisant notamment les politiques sociales et les investissements. Mais cela suppose aussi une dynamique des acteurs de terrain, mobilisés autour de l'objectif de conserver la qualité du service public territorial avec des ressources moindres – par exemple, moins de ronds-points en échange d'impôts plus légers pour les ménages et les entreprises. Mutualiser les moyens (à l'image des pompiers de la Sarthe, qui ont décidé d'utiliser le plateau technique et la maison à feu d'un département voisin pour leur formation), développer des solutions innovantes (comme le covoiturage pour le transport scolaire dans les zones isolées), recourir aux nouvelles technologies… Beaucoup d'initiatives existent déjà. C'est sur elles et sur leur généralisation qu'il faut compter. Mais qui saura insuffler l'état d'esprit nécessaire ? Expliquer qu'avec une meilleure organisation on peut faire pareil, voire mieux, avec moins ? Les candidats ne sont pas légion.

TROISIÈME PARTIE

LES STRATÉGIES D'ÉVITEMENT

9

Adieu les riches

ISF et droits de succession : les raisons de l'exil

Minable ! Ce 12 décembre 2012, l'insulte claque comme une gifle au visage de Gérard Depardieu. C'est la réaction du Premier ministre, Jean-Marc Ayrault, à l'annonce du départ de l'acteur pour la Belgique. Deux mois plus tôt, c'est Bernard Arnault, le PDG milliardaire du groupe LVMH, qui, après avoir demandé la citoyenneté belge, a eu droit à la une musclée du quotidien *Libération*, avec la désormais célèbre interpellation : « Casse-toi, riche con ! » Bonjour l'ambiance… Si le second a finalement renoncé à s'exiler, l'acteur aux 170 films et aux deux Césars ne s'est pas laissé faire, expliquant qu'en 2012 il avait payé 85 % de ses revenus en impôts et qu'il n'était pas le premier à fuir l'insupportable pression fiscale. Qu'importe : ses prédécesseurs avaient manifestement été oubliés. Alors que le départ d'Obélix a déchaîné les critiques sur ces mauvais Français, ces déserteurs qui ont profité de la France pour la quitter au moment où elle allait mal.

Depuis, la roue a tourné. Asphyxiés par les hausses d'impôt, déroutés par l'instabilité fiscale, inquiets de devoir payer toujours plus, les Français ont fait preuve de beaucoup de compréhension. Qui se souvient qu'à la fin des années 1970 le metteur en scène Ingmar Bergman avait quitté la Suède pour les mêmes raisons ? Son exil fiscal, très critiqué, avait d'abord créé un choc, puis il avait constitué l'un des révélateurs des dysfonctionnements de la société suédoise. Celui de Gérard Depardieu a-t-il eu le même impact auprès des Français ? Les résultats d'un sondage réalisé par Ipsos-CGI en octobre 2013 semblent aller dans ce sens. Ainsi, à la question : « Certains Français décident de s'installer à l'étranger afin de payer moins d'impôts. Personnellement, approuvez- vous cette décision ? », près de la moitié des sondés (45 %) répondent positivement ! Il est vrai qu'à force de signer des chèques à son percepteur, quand l'heure de l'addition sonne, la facture se révèle particulièrement salée.

Très médiatisés, l'exil fiscal de Gérard Depardieu et la demande de naturalisation de Bernard Arnault ne sont en fait que la partie émergée de l'iceberg. Bien plus inquiétante est la multiplication des exils en catimini : plusieurs centaines de contribuables auraient ainsi quitté la France ces dernières années. Depuis fin 2010, beaucoup d'avocats fiscalistes et de spécialistes de l'expatriation affirment avoir constaté une forte augmentation du nombre de demandes. « J'ai traité trois fois plus de dossiers d'exil fiscal en 2012 qu'en 2011 », observe l'un d'eux. Chez un autre, les consultations ont été multipliées par dix en un an, avec cinq départs effectifs au bout du compte. Pour ces riches contribuables, deux destinations : la Suisse et la Belgique. « En 2012, mes clients ont très mal réagi à la contribution exceptionnelle sur l'ISF payée à l'automne[1] », explique Alain Moreau, avocat associé chez BFT. Ce mouvement d'exil est confirmé par les sociétés de déménagement, qui ont connu des flux de deux à trois fois supérieurs à la normale. « Nos camions partent sans discontinuer vers la Suisse, la Belgique et la Grande-Bretagne, et notre chiffre d'affaires a progressé de 15 % l'an dernier », se félicite l'une d'elles. Même son de cloche chez les agents immobiliers. En à peine un an, ils ont enregistré un doublement de la mise en vente de biens immobiliers de prestige, soit l'équivalent de 500 biens supplémentaires de plus d'un million d'euros, avec un pic de 75 % à Neuilly-sur-Seine et de plus de 60 % dans le VIe et le XVIe arrondissement de Paris. Pour ces professionnels, un bon tiers de ces opérations semblent être liées à la fois à des raisons fiscales et au climat anti-riches qui s'est installé en France. À l'automne 2013, cette tendance a été confirmée par le patron du groupe Daniel Féau. Il a expliqué sur les ondes de BFM que le mouvement s'était même accéléré, nombre de candidats à l'exil souhaitant avoir quitté la France avant le 31 décembre. Un signe ne trompe pas : pour la première fois depuis des années, quatorze des cent vingt maisons de la villa Montmorency, le lotissement le plus huppé de Paris, situé dans le XVIe arrondissement, sont

1. *Le Figaro*, 22 décembre 2012.

à vendre, mais depuis un an les acheteurs ne se bousculent pas. Il est loin, le temps où les rares maisons en vente – jamais plus de deux en même temps – se cédaient par le bouche-à-oreille.

L'impasse financière des petits riches

Il y a une explication simple à cet exode. Aldo Cardoso, expert-comptable, membre du conseil de surveillance de la Fondation pour l'innovation politique (Fondapol), nous la livre : « Aujourd'hui, le rendement net du capital, c'est-à-dire après inflation et impôts, est au mieux très faible, voire négatif. Cette situation est aggravée par les hauts niveaux d'imposition des revenus du capital, auxquels s'ajoute l'ISF. Sauf à avoir fait un placement dans une entreprise qui surperforme, ou dans une œuvre d'art dont la valeur explose, un patrimoine qui aurait un rendement brut de 5 % sur plusieurs années, ce qui est déjà beaucoup, se dévalorise[1]. » Pour ce spécialiste, une fois déduits l'inflation et les impôts, le rendement devient négatif. Au total, avec 5 % de rendement pour compenser l'inflation et 4 % pour acquitter l'ISF, il devient logiquement nécessaire d'obtenir un rendement de longue période de 9 % en moyenne. Or le revenu brut de l'épargne à long terme est très inférieur à ce niveau. Ainsi, un retraité ayant disposé durant sa vie active d'un revenu confortable et ayant épargné tout au long de sa

1. *Challenges*, 11 juillet 2013.

carrière se trouvera dans une véritable impasse financière. « Sur le plan pratique, imagine-t-on vendre chaque année quelques mètres carrés pour payer des impôts[1] ? » se demande Aldo Cardoso. Les contribuables les plus pénalisés par l'ISF sont d'abord les petites fortunes, celles des classes moyennes devenues riches, ou tout simplement des Français qui ont constitué une épargne de précaution pour pouvoir vivre confortablement à l'heure de leur retraite et aider leurs enfants. « Les plus impactés, conclut Aldo Cardoso, possèdent un patrimoine de l'ordre de quelques millions d'euros, dont la fortune est en partie composée de leur résidence principale plus une résidence secondaire, c'est-à-dire un patrimoine dit de confort. Ils sont d'autant plus pénalisés que ces actifs ne rapportent pas de revenus[2]. » Rien d'étonnant à ce que, face au choix entre d'un côté rester en France et s'appauvrir, et de l'autre quitter la France pour vivre confortablement des revenus de leur patrimoine, un nombre croissant de contribuables choisissent l'exil dans des pays frontaliers.

Heureux comme un riche en Belgique et en Suisse

Voilà sans doute pourquoi notre Obélix national, fin 2012, s'est offert un pied-à-terre à Néchin, petit hameau

1. Aldo Cardoso, « La nouvelle politique fiscale rend-elle l'ISF inconstitutionnelle ? », Fondapol, octobre 2012.

2. *Challenges*, 11 juillet 2013.

belge jouxtant la frontière avec la France, à quelques minutes en voiture de Lille et de Roubaix. La commune ne tire pas sa gloire des immenses champs de betteraves et de pommes de terre qui bordent sa chaussée principale, la rue de la Reine-Astrid, mais de la notoriété de ses habitants. Elle a ainsi été surnommée la « rue des Riches » par la maire de Lille, Martine Aubry. Quant au bourgmestre, depuis l'arrivée, au début des années 1980, de la première vague d'exilés fiscaux, fuyant à l'époque l'impôt sur les grandes fortunes, il parle de « rue Mulliez », car parmi eux figuraient des représentants de la richissime famille Mulliez – propriétaire d'Auchan, de Decathlon, de Mondial Moquette, de Feu Vert ou encore de Kiabi –, qui s'établirent à quelques kilomètres les uns des autres. En Belgique, en effet, les résidents français ne paient ni l'ISF, ni les taxes sur les plus-values de cession ; ils paient 25 % au plus d'impôts sur les dividendes et, s'ils sont bien organisés, 3 % seulement de droits de succession. Avantage supplémentaire de ce microclimat fiscal : depuis 1964, une convention franco-belge régit le cas des frontaliers. Elle autorise les Français à résider en Belgique tout en continuant à travailler en France, à condition que leur lieu de résidence se situe à 20 kilomètres maximum de la frontière française. Le jackpot pour ces émigrés, qui gagnent sur les deux tableaux, payant un impôt sur le revenu nettement plus faible en France qu'en Belgique, tout en profitant d'une fiscalité allégée sur leur patrimoine en Belgique. Encore faut-il aimer les champs de betteraves...

Comme nombre d'autres exilés avant eux, Gilles Pélisson, ancien patron d'Accor, et Pierre Bastid, le patron de Converteam, ont préféré s'installer à Bruxelles. Pour des questions de proximité géographique, la Belgique a longtemps été une terre d'accueil privilégiée pour les grandes familles du Nord. À l'époque, celles qui ne souhaitaient pas vivre à Néchin ont mis discrètement le cap sur Bruxelles. Depuis la fin des années 1990, la Belgique a largement rattrapé la Suisse en matière d'attractivité fiscale. Elle est devenue la destination privilégiée des exilés fiscaux français. L'éditeur Alain Lefebvre, fondateur de *Stratégies* et d'une kyrielle d'autres magazines comme *Maison Magazine*, *Côté Sud*, *Biba* ou encore *Atmosphère*, est installé depuis neuf ans à Bruxelles après avoir vendu son groupe de presse au belge Roularta. Depuis son emménagement dans la capitale belge, il a constaté une accélération du nombre d'arrivants. « Alors que le flux s'était un peu tari lors de la mise en place du bouclier fiscal, il s'est considérablement renforcé en 2012[1] », observe celui qui édite également *Juliette & Victor*, une revue très appréciée de la communauté française. Parmi les derniers arrivants, il y a du lourd : un de ses amis lui a ainsi expliqué que sa délocalisation en Belgique avait réduit sa facture fiscale de près de 500 000 euros dès la première année !

On comprend mieux pourquoi, sur les quelque 250 000 Français résidant sur le territoire belge – la

---

1. Entretien avec l'un des auteurs, 15 janvier 2014.

majorité à Bruxelles –, plus de 5 000 s'y seraient installés pour des raisons essentiellement fiscales. Si l'on en croit les estimations du cabinet bruxellois Dekeyser & Associés, spécialiste de l'accompagnement des exilés fiscaux dans la capitale belge, le montant de leur fortune serait compris entre 20 et 30 millions d'euros. Souvent des héritiers ou des industriels en fin de carrière qui souhaitent échapper à l'ISF et organiser au mieux leur succession. Cette liste comprend, entre autres, les héritiers du groupe Prouvost, Bernard Darty, fondateur de l'enseigne éponyme, Philippe Hersant, Hugo Taittinger ou encore l'ex-commissaire-priseur Jacques Tajan. Autre évolution significative de ces dernières années : l'exil fiscal s'est démocratisé, puisque désormais même les propriétaires de « petits patrimoines », compris entre 3 et 5 millions d'euros, colonisent les beaux quartiers d'Uccle ou d'Ixelles, au sud-est de la ville, non loin de la gare de Bruxelles-Midi. Autant de petits Neuilly belges où les Français peuvent trouver des Monceau Fleurs et même, depuis juin 2012, un magasin Picard, l'un des six ouverts par la chaîne de surgelés dans la capitale belge. Une excellente nouvelle pour les épouses d'exilés, qui, jusqu'alors, devaient se faire livrer leurs surgelés préférés par le Picard de Valenciennes !

Ces arrivées ne constituent pas seulement une perte de substance et d'investissement pour la France ; elles créent une nouvelle dynamique économique pour la Belgique. Non seulement les expatriés achètent des propriétés à des prix faramineux – leur unité de valeur n'étant plus le prix du mètre carré local, mais l'économie fiscale réalisée –, mais ils maintiennent le train de vie qu'ils avaient en France : domestiques, traiteurs, belles voitures... Rien n'est trop beau pour adoucir leur exil !

Chaque durcissement de la fiscalité française sur le patrimoine a entraîné sa vague d'exilés. Le flux ne s'est jamais tari, notamment vers la Suisse. Le territoire helvétique a en effet longtemps été en pointe en termes d'attractivité fiscale. Sur les quelque 200 000 résidents français en Suisse, 2 000 seraient des exilés fiscaux, installés essentiellement sur les rivages du lac Léman, dans le canton de Genève. À condition de n'avoir jamais travaillé en Suisse dans les dix années précédant leur arrivée, ces exilés peuvent bénéficier du système tout à fait légal appelé « forfait fiscal », calculé non pas sur leurs avoirs, mais sur leur train de vie. Ils sont alors imposés en moyenne au taux de 30 % sur cinq fois la valeur locative de leur logement, majorée de 30 %. Cela porte le forfait annuel moyen à 200 000 euros et leur permet d'éluder l'ISF comme les droits de succession. De Corinne Bouygues à Claude Taittinger en passant par Paul Dubrule (Accor) et certains membres de la famille Baud (ex-Franprix), le cercle des expatriés français n'a jamais cessé de s'élargir. Il compte désormais quelques multimillionnaires du *private equity*, ces spécialistes de l'investissement dans les entreprises non cotées en Bourse, de même que Lindsay Owen-Jones, le richissime ancien président de L'Oréal. Ainsi, selon le classement 2012 des « 300 plus riches de Suisse » réalisé par le mensuel helvétique *Bilan*, 45 d'entre eux sont des Français, les deux derniers multimillionnaires à avoir intégré ce hit-parade étant le fondateur de Manutan, Jean-Pierre Guichard, et Claude Léoni, fondateur de Spir Communication.

Cependant, depuis quelques mois, l'avenir s'assombrit pour ces exilés fiscaux. Malgré l'agacement des autorités helvétiques, le gouvernement français tente par tous les moyens d'imposer les héritiers français des résidents suisses, tandis que la population locale, exaspérée par les avantages fiscaux dont bénéficient ces résidents et auxquels elle n'a pas droit, pousse les différents cantons à relever significativement le niveau des fameux forfaits, voire à les supprimer. Les Suisses ont même osé s'en prendre à Johnny et Laeticia Hallyday, installés depuis des années à Gstaad, dans le canton de Berne. Ce sont les photos de voyage aux quatre coins du monde imprudemment partagées sur Twitter et Instagram par l'ex-idole des jeunes et son épouse qui ont mis la puce à l'oreille des journalistes de la RTS, la Radio Télévision suisse. Ils ont fait leurs calculs et révélé, le 16 janvier 2014, que Johnny et sa famille n'avaient passé que quinze jours à Gstaad en 2013. Or, selon la presse suisse, ils auraient dû y résider entre six mois et un an pour bénéficier du forfait fiscal. On veut bien faire des cadeaux fiscaux, mais il faut les mériter ! Le chanteur s'est défendu en affirmant que les journalistes étaient des imbéciles : il est résident américain, et non suisse ! Bien entendu, la France s'est mêlée de l'affaire. Le député PS Yann Galut, rapporteur du projet de loi sur la fraude fiscale à l'Assemblée nationale, n'a pas manqué de souligner que cette situation méritait une « clarification ».

La chasse aux « mauvais Français »

De fait, à Bercy, on suit à la trace les redevables de l'ISF. Selon le rapport du sénateur Éric Bocquet, publié en juillet 2012, sur un total de 717 délocalisations, 118 redevables sont devenus des résidents suisses et 85 se sont installés en Belgique (soit autant qu'au Royaume-Uni) – un chiffre resté relativement stable par rapport aux années précédentes. Entre les accusations de surestimation des uns et de sous-estimation des autres, le débat n'est toujours pas tranché. Comme si la réalité de l'exil fiscal était un sujet tabou. La raison en est sans doute que, jusqu'à présent, les indicateurs utilisés par les services de Bercy n'ont donné qu'une vision partielle du phénomène de l'expatriation. Agacé par cette absence d'informations objectives, Philippe Marini, président de la commission des finances du Sénat, est monté au créneau pour demander à l'administration, en mars 2013, de concocter un indicateur mesurant de façon précise l'impact de la politique fiscale sur les candidats à l'exil. Le résultat de cette première enquête est tombé fin octobre. « Les bases de données du ministère des Finances nous ont permis de retracer les départs des années 2007 à 2011, résume le sénateur. Entre 2002 et 2009, le nombre de redevables de l'impôt sur le revenu partis de France a été relativement stable, avec 26 000 départs par an. Après une baisse en 2010 à 22 000 départs, une augmentation spectaculaire a été observée en 2011 avec 35 000 départs. »

Concernant les contribuables les plus aisés, ceux dont les revenus de référence sont supérieurs à 100 000 euros, Philippe Marini constate « une augmentation de 56 % en 2011 par rapport à 2010, soit plus de 2 000 départs, et 251 départs pour les contribuables dont le revenu fiscal dépassait les 300 000 euros[1] ». Surtout, il confirme que la Belgique et la Suisse ont bien été les principales terres d'accueil de ces gros détenteurs de patrimoine. Ce n'est qu'à la fin de 2014 que devraient être publiés les chiffres de 2012, une année durant laquelle les expatriations semblent avoir connu un pic.

L'année 2013 a aussi vu un raidissement des pouvoirs publics à l'égard des « mauvais Français » : l'arsenal répressif a été sérieusement renforcé. Ainsi, en décembre, lors de l'examen du projet de budget rectificatif pour 2013, les députés ont durci la fameuse *exit tax* qui impose les plus-values sur les participations détenues par un contribuable quittant la France. Un premier dispositif de ce type avait été créé en 1999 par Dominique Strauss-Kahn, alors ministre de l'Économie et des Finances. Il avait été invalidé en 2004 par la Cour de justice européenne pour atteinte à la libre circulation des capitaux en Europe, et finalement abrogé. Un clone de ce mécanisme, plus dur mais acceptable par Bruxelles, a été instauré en 2011 sous la présidence de Nicolas Sarkozy pour tous les contribuables détenant des participations valant plus de 1,3 million d'euros. Cette fois, ce n'est plus au moment où il quitte le

1. Entretien avec l'un des auteurs, 7 novembre 2013.

territoire national que le contribuable est imposé, mais lorsqu'il revend ses actions, si cette revente intervient dans les huit ans qui suivent son départ. Jugeant d'une part que le rendement de cette taxe n'était pas assez élevé (52 millions d'euros estimés en 2012) et d'autre part qu'« il n'y [avait] aucune raison de traiter plus favorablement les contribuables qui ont fait le choix de transférer leur domicile fiscal hors de France que ceux restés en France[1] », Christian Eckert, le rapporteur général de la commission des finances de l'Assemblée nationale, a présenté des amendements visant à rétrécir les mailles du filet afin d'augmenter significativement les prises. Dans le nouveau texte, le seuil de valeur des participations à partir duquel sera appliquée la taxe a été abaissé à 800 000 euros. Le champ d'application a aussi été étendu à certains placements financiers comme les OPCVM. La taxe pourra également frapper les contribuables détenant 50 % du capital d'une société. Enfin, la durée de domiciliation à l'étranger pour bénéficier de l'exemption de l'*exit tax* passera de huit à quinze ans.

Concrètement, cela signifie que chaque année, pendant quinze ans, le contribuable français devra envoyer une déclaration à Bercy. « L'*exit tax* est un octroi, c'est l'enfermement. C'est le mur de Berlin érigé pour entraver la capacité de déplacement des contribuables[2] », fulmine Aldo Cardoso. Avant même son durcissement,

1. Assemblée nationale, séance du 6 décembre 2013.
2. Entretien avec l'un des auteurs, 6 décembre 2013.

l'*exit tax* avait commencé à brider les velléités de départ d'un certain nombre de candidats à l'exil. Elle s'est ajoutée à l'amélioration du transfert d'informations entre le fisc belge et le fisc français, ainsi qu'à la levée progressive du secret bancaire en Suisse, en Belgique et au Luxembourg. « Ces derniers mois, les arrivées ont été plutôt ponctuelles, et souvent les postulants préfèrent louer qu'acheter[1] », confirme Suzanne Belgeonne, la patronne de l'agence immobilière Le Lion à Bruxelles. Même le personnel de l'ambassade de France à Bruxelles fait désormais tout son possible pour inciter les récents exilés à retourner en France, ce beau « pays de cocagne » ! Enfin, quelques contrôles fiscaux musclés ciblant les nouveaux arrivants ont fini par faire hésiter les candidats à l'exil avant de boucler leurs valises. En revanche, ceux qui, comme Alain Lefebvre, caressaient il n'y a pas si longtemps encore l'espoir d'un retour en France ont bel et bien fait une croix sur ce projet : « Plus question de revenir. Pour moi, c'est fini », affirme l'éditeur. Alors que partout dans le monde on s'achemine vers davantage de liberté, faut-il vraiment se féliciter de ce nouveau paradoxe français ?

1. Entretien avec l'un des auteurs, 14 janvier 2014.

10

Bye bye les patrons

Entrepreneurs et cadres quittent aussi le navire

« En avez-vous assez de payer trop d'impôts en France ? » Dans son numéro d'octobre 2013, le mensuel *Metropolitan*, distribué à bord de l'Eurostar, n'a pas hésité à insérer une publicité vantant les différents taux d'imposition pratiqués outre-Manche. Titre de l'article : « Le Royaume-Uni vous déroule le tapis rouge. » Où l'on peut lire les propos tenus en 2012 par le Premier Ministre britannique David Cameron : « Quand la France instituera un taux de 75 % pour la tranche supérieure de l'impôt sur le revenu, nous déroulerons le tapis rouge, et nous accueillerons plus d'entreprises françaises qui paieront leurs impôts au Royaume-Uni. » Le comble de l'histoire, c'est que ce magazine, diffusé à 200 000 exemplaires, est certes réalisé par une agence britannique, mais il est détenu à 55 % par la SNCF, elle-même sous la tutelle de l'État français ! Plus surprenant encore : il a fallu attendre plusieurs semaines pour que les éditeurs se rendent compte de leur gaffe, tant l'arrivée de cadres dirigeants et d'entrepreneurs français à Londres est devenue une banalité...

Welcome to the City

En moins de cinq ans, la capitale britannique a opéré un redressement spectaculaire. En 2008, la violence de la crise financière, entraînant des dizaines de milliers de licenciements, a bien failli faire sombrer l'orgueilleuse City. Après deux années très sombres, le dynamisme de Londres, comme celui du pays, a repris le dessus. En ce début 2014, le chômage est en chute libre, l'inflation reste sous contrôle – pile à l'objectif de 2 % fixé par le gouvernement de David Cameron –, la croissance est en forte hausse grâce à l'explosion des ventes de détail, et la livre sterling caracole en tête des monnaies des dix pays les plus développés. Certes, d'autres indicateurs sont toujours dans le rouge : la dette représente 95 % du PIB, le déficit 6,9 %, la productivité du travail compte parmi les plus basses de tous les pays industrialisés, et l'investissement stagne. La note de la Grande-Bretagne a même été dégradée par Moody's début 2013. Mais, pour l'instant, ça tient... Surtout à Londres. Avant la crise, la capitale britannique était essentiellement une puissante place financière. Elle est redevenue le poumon financier de l'Europe, mais aussi la cité des entrepreneurs. « Londres a changé de statut, confirme un chef d'entreprise expatrié. Elle est devenue la Singapour de l'Ouest. Elle n'est plus simplement une capitale, elle s'est transformée en un État-ville débordant de créativité et de vitalité. D'ailleurs, chaque fois que je reprends l'Eurostar à la gare du Nord pour rentrer à Londres, j'ai l'impression de quitter Berlin-Est pour Berlin-Ouest. »

Malgré des prix immobiliers parmi les plus hauts du monde et un coût de la vie plus élevé qu'en France, ce qui impose un ticket d'entrée plutôt salé pour les nouveaux arrivants, Londres a su préserver son attractivité fiscale. Les revenus des résidents étrangers perçus à Londres sont certes taxés au taux maximum de 45 %, mais ceux qu'ils perçoivent à l'étranger et qui ne sont pas rapatriés ne sont pas imposés au Royaume-Uni. Autre avantage : l'absence d'ISF et de droits de succession sur les biens situés dans le pays. Les donations entre époux comme les biens légués par le biais d'un trust sont exemptés d'impôts. Enfin, au-delà d'un certain seuil, les cessions de biens immobiliers sont taxées au taux unique de 18 %.

Si le dynamisme de la City a toujours attiré les banquiers, les *traders* et les équipes qui gèrent les fonds spéculatifs, la transhumance s'est nettement accélérée depuis le durcissement de la fiscalité française en 2012. Les premiers à s'expatrier ont été les financiers : ils détiennent souvent des patrimoines importants, et leur culture internationale a facilité leur départ. Ainsi, en moins d'un an, une bonne partie des équipes d'analystes financiers basées en France sont allées s'installer à Londres. Après l'arrivée de Nicolas Chanut, le patron d'Exane BNP-Paribas, l'un des courtiers leaders du marché, les deux tiers de son équipe de 115 collaborateurs sont partis travailler dans la capitale britannique. Et, puisque la quasi-totalité des nouveaux recrutements dans la finance se font désormais là-bas, les professions connexes, comme les chasseurs de tête spécialisés, ont bien été obligées de suivre leurs clients.

Début septembre 2013, la chasseuse de tête Diane Segalen, fondatrice du cabinet Segalen & Associés, a ainsi inauguré sa nouvelle antenne sur Regent Street. Elle a pris l'habitude de partager sa semaine entre Paris et Londres. *Idem* pour Éric Singer, le dirigeant du cabinet de recrutement Singer & Hamilton, obligé lui aussi de se délocaliser : « Cela fait six mois que nous essayons de trouver de bons analystes à Paris sur un secteur spécifique, sans succès », déplore-t-il. Il va même plus loin : « Il est devenu impossible de recruter un responsable d'activité à Paris dans les métiers financiers. Aucun étranger ou expatrié ne veut venir. Leur perception de la fiscalité et de la réglementation française est très négative, même si ce n'est pas toujours la réalité[1]. » Les grandes banques ont toutes été contraintes de renforcer leurs équipes londoniennes. Implantée de longue date à la City, BNP-Paribas a dû laisser les numéros deux et trois de l'activité dérivés s'installer à Londres avec femmes et enfants. Les

1. Interview dans *Les Échos*, 14 octobre 2013.

dirigeants de la Société Générale, qui ont toujours privilégié la localisation de leurs équipes de dérivés actions à Paris, ont dû faire face à la fronde de ces spécialistes, qui souhaitaient partir au plus vite pour la capitale britannique. Ou, à défaut, pour Genève. En cause, la taxe à 75 %, même payée par l'employeur, qui a un effet pour le moins répulsif sur ces *golden boys* gagnant déjà plus d'un million d'euros, et sur ceux qui espèrent bien un jour y parvenir. La défiance s'est aussi propagée dans le petit cercle des gérants du *private equity*. L'annonce d'un prochain alignement de la taxation des plus-values sur le barème de l'impôt sur le revenu lors de la revente d'entreprises non cotées a soulevé un vent de panique et entraîné le départ d'un certain nombre d'entre eux vers Genève et Bruxelles, bien sûr, mais surtout vers Londres. Si Dominique Senequier, la patronne d'Ardian, qui gère 30 milliards de dollars d'actifs, est restée à Paris, son bras droit et membre du directoire Vincent Gombault a rejoint la City il y a quelques mois, d'où il gère les investissements dans les fonds de fonds entre Londres et New York.

Plus inquiétant : le phénomène touche aussi les cadres dirigeants de grands groupes internationaux. Total a ainsi délocalisé à Londres ses équipes de gestion de trésorerie et une partie de sa communication financière, mais le groupe pétrolier a obtenu de l'administration fiscale anglaise que les profits tirés de cette activité restent taxables en France. Les patrons locaux de Veolia ou d'EDF croulent sous les demandes d'expatriation. Presque tous les dirigeants des multinationales subissent la pression de leurs équipes de cadres supérieurs. Excédé par l'alourdissement de la fiscalité sur le capital, les stock-options et les actions gratuites, Bernard Charlès, directeur général de Dassault Systèmes, menace lui aussi de partir : « Résider en France devient lourdement handicapant, a-t-il déclaré le 12 mars 2013 au journal *Le Monde*. Si je ne peux plus distribuer des lopins de terre, c'est-à-dire une part de capital de l'entreprise à mes collaborateurs, ce qui me permettrait de les associer à son succès, je partirai. » De son côté, le patron d'un très grand groupe du CAC 40 a de plus en plus de mal à convaincre ses troupes de ne pas quitter la France. « Je n'ai pas été nommé à la présidence de ce groupe pour y organiser la délocalisation des équipes, explique-t-il. Mais j'avoue devoir faire preuve chaque fois de beaucoup de mauvaise foi pour trouver les bonnes raisons de les retenir. » Le fait est que, pour des entreprises comme Axa, L'Oréal ou Alstom, qui ne réalisent plus qu'une petite partie de leurs ventes en France, conserver leur état-major à Paris n'a pas forcément beaucoup de sens. Compte tenu du coût prohibitif des charges sociales en France, un employeur peut même envoyer ses salariés à Londres tout en les augmentant. Ainsi, une simulation effectuée à partir des données du Code des impôts, de la loi de finances 2013 et de l'International Bureau of Fiscal Documentation montre que, si une société débourse 100 euros supplémentaires pour un célibataire gagnant à partir de 500 000 euros de revenu annuel imposable, ce dernier ne touche que 31,19 euros en France – le reste disparaissant en cotisations patronales et salariales, puis en impôt sur le revenu –, contre 62 euros aux États-Unis et 46,5 euros en Grande-Bretagne[1] !

Paris-sur-Tamise

Financiers, cadres dirigeants, mais aussi désormais entrepreneurs, professions libérales et artistes : tous se côtoient dans ce qu'ils appellent le « Paris-sur-Tamise ». Didier Delmer, fondateur de la société Business Booster, conseille les candidats à l'expatriation londonienne. En 2012, il a facilité l'arrivée de 187 foyers, six fois plus qu'en 2011. « Avant, se rappelle-t-il, c'était réservé à une élite. Maintenant, j'aide des consultants, des médecins, des artistes[2]... » En Grande-Bretagne comme en Belgique, l'exil s'est démocratisé. Et pas seulement pour des raisons fiscales. Avec près de 300 000 résidents français, Londres est devenue la sixième ville française. À Kensington et Chelsea, deux quartiers très prisés des Français, les prix de l'immobilier s'envolent, et le lycée français Charles-de-Gaulle est pris d'assaut, alors qu'un nouveau collège a ouvert ses portes il y a tout juste un an. Olivier Cadic, qui a délocalisé sa société de l'autre

1. Simulation faite pour *Le Point*, 17 janvier 2013.
2. *Aujourd'hui en France*, 17 décembre 2012.

côté de la Manche il y a quelques années, a vu le flux de petits patrons grossir au fil des mois. Les arrivées ont connu un pic au moment de l'élection de François Hollande. Puis, après quelques mois de stabilité, la transhumance a repris. Un climat délétère pour les affaires, une fiscalité jugée confiscatoire, des lourdeurs administratives, le sentiment d'être les mal-aimés du gouvernement Hollande ont poussé les « Pigeons » à traverser la Manche. À Londres, ils ont l'impression de revivre. « On peut y créer son entreprise en un jour, les charges sont environ moitié moins élevées, et les choses sont beaucoup plus simples », reconnaît une jeune chef d'entreprise vite conquise par le climat très porteur de la capitale britannique. Alors que le taux facial (hors niches fiscales) de l'impôt sur les sociétés est de 38 % en France – le plus élevé d'Europe –, il n'est que de 12,5 % en Irlande et de 21 % désormais en Angleterre. Pour ceux qui sont taraudés par le désir du large, Londres est aussi un tremplin idéal pour développer des marchés vers l'Asie ou l'Amérique du Sud. Parfois en conservant un socle d'activités en France, comme l'ont fait en 2012 les frères Steve et Jean-Émile Rosenblum, fondateurs du site Pixmania, l'une des premières plates-formes d'achat européennes en ligne, créée en France au début des années 2000. Tout en cédant la majorité du capital de Pixmania au groupe Dixon, le Darty britannique, en 2006, les deux frères continuent à développer le site en France. Mais, à l'été 2012, ils finissent par jeter l'éponge. Avec l'argent tiré de la vente de leurs parts à Dixon, ils créent The Kase, leur nouvelle holding basée à Londres, dans laquelle sont logés les cent quinze magasins de la chaîne Phone House, qu'ils ont rachetée et qui dorénavant « customise » les smartphones. En septembre 2013, Steve s'est offert, à lui et sa famille, une nouvelle vie à Singapour : après avoir ouvert deux nouvelles boutiques, l'une à Singapour, l'autre à Hong Kong, il vient de créer une joint-venture avec des partenaires indiens. Son frère Jean-Émile est en charge du réseau français de Phone House, tandis que leur associé s'est attaqué au marché américain. Si Steve revient volontiers un mois par an en France, aucun retour définitif n'est à l'ordre du jour : « J'ai tourné la page. Je suis ailleurs[1]. »

« Pars vite, et surtout ne reviens pas… » Non, il ne s'agit pas du détournement du titre d'un roman de Fred Vargas, mais du conseil d'un père à son fils de 22 ans. Un chef d'entreprise qui, il y a vingt ans, a créé sa petite société d'intermédiation financière. Après une scolarité sans histoire, son fils Raphaël a intégré HEC, puis a fait un stage de six mois dans une grande banque française. En septembre 2013, il est parti compléter sa formation chez un courtier new-yorkais pour un an. Dans le hall de l'aéroport de Roissy, juste avant que son fils n'embarque, son père lui donne un dernier conseil : « Surtout, ne reviens pas à Paris. Trouve-toi un job aux États-Unis, en Asie ou en Amérique du Sud. À moins de devenir fonc-

1. Entretien avec l'un des auteurs, 26 novembre 2013.

tionnaire, tu ne t'épanouiras pas en France. » Un cas particulier ? Malheureusement pas. « Ce qui est à la fois intéressant et inquiétant, note le sénateur Philippe Marini, c'est que, d'après le résultat de l'enquête sur l'expatriation et l'exil fiscal rendue publique en octobre dernier, sur les 35 000 personnes qui ont quitté la France en 2010, 17 % étaient des jeunes de moins de 30 ans. Or 40 % de ces 17 % sont les plus dynamiques, ils paient l'impôt sur le revenu et sont donc déjà économiquement intégrés dans la société. Ils ne partent pas pour des questions d'optimisation fiscale, mais parce qu'ils sont à la recherche d'un climat plus galvanisant et plus propice au développement de leurs projets professionnels. Leurs destinations favorites : Londres, les États-Unis, l'Australie, l'Asie et le Canada. Je ne suis pas sûr qu'ils reviennent un jour en France[1]... » D'ailleurs, comme pour confirmer ses craintes, une étude menée en février 2013 par l'Ifop pour Deloitte montre que 27 % des jeunes diplômés à la recherche d'un emploi voient leur avenir professionnel hors de France. Ils n'étaient que 13 % en 2012...

Les seniors au soleil

À l'autre extrémité de la chaîne intergénérationnelle, les retraités disposant de revenus moyens mais confortables n'hésitent plus à faire leurs valises. Destination

1. Entretien avec l'un des auteurs, 7 novembre 2013.

privilégiée : le Maroc. Grâce à une carotte fiscale – un taux d'imposition de 20 % sur leur retraite à condition que cette dernière soit rapatriée sur un compte local –, le royaume, en particulier sa partie sud (Marrakech ou Agadir), a réussi à accueillir des milliers de Français qui y coulent des jours paisibles. Outre la fiscalité, un climat agréable, un coût de la vie nettement moins élevé qu'en France et le fait que la majorité de la population locale comprenne et parle le français ont fait de cette Floride du Maghreb une terre particulièrement appréciée de nos compatriotes.

Depuis peu, une autre destination est devenue très tendance : le Portugal. Ce 31 décembre 2013, plusieurs amis sont venus passer le réveillon à Saint-Tropez, dans la villa d'un de leurs copains, un expatrié français résidant de longue date à Bruxelles. Le 2 janvier, rebelote : le groupe se retrouve dans la petite ville varoise de Sainte-Maxime pour fêter le départ d'un couple d'amis récemment retraités au Portugal. Pour ces derniers, tout s'est fait très vite. Ils sont désormais installés dans une luxueuse villa à la lisière d'un golf situé en bordure de l'océan Atlantique. Durement touché par la crise économique, le Portugal a décidé de tout faire pour devenir le nouvel eldorado des retraités européens en général, et français en particulier. Il table sur l'arrivée de 20 000 retraités européens, qui pourraient dépenser près d'un milliard d'euros et contribuer à la relance du pays. Ainsi, depuis le 1er janvier 2013, les nouveaux venus passant au moins six mois par an au Portugal – soit 181 jours, pas nécessairement consécutifs – et justifiant d'un logement sur place bénéficient du statut de « résidents non habituels », qui leur permet d'être exonérés d'impôts sur le revenu pendant dix ans. Seule contrainte : ne pas avoir été résident portugais pendant les cinq années précédant l'arrivée au Portugal. Pas besoin non plus d'y être propriétaire ; une location fait aussi bien l'affaire. Toutefois, seuls les revenus des pensions sont exonérés d'impôts, le patrimoine et les revenus du capital restant taxés en France.

En cette fin 2013, le gouvernement portugais a décidé de promouvoir les avantages de ce nouveau dispositif fiscal en organisant des road-shows dans toutes les capitales européennes. Y compris à Paris, comme ont pu le constater le 26 novembre les invités d'une réception dans les élégants salons de l'ambassade du Portugal. Pendant toute la matinée, entre discours et diapositives, une dizaine de promoteurs locaux ont vanté l'attractivité fiscale de leur pays et présenté leurs résidences de rêve à la presse et aux professionnels du tourisme. Thème de la rencontre : « Paradis fiscal portugais et retraités français : mythe ou réalité ? » Peut-être encore un mythe aujourd'hui, mais, à ce rythme, sans doute bientôt une réalité…

11

Évasion, modes d'emploi

De l'évitement de l'impôt à la fraude fiscale

Trop de dépenses, trop de déficits, trop de dettes, trop d'impôts, trop d'instabilité… : tels sont, en vrac, les reproches qui expliquent l'impopularité record du gouvernement auprès des chefs d'entreprise en cette fin d'année 2013. Conséquence : plus de sept patrons de très petites entreprises (TPE) sur dix ont renoncé à investir, et près de la moitié à embaucher, en raison de la politique fiscale du gouvernement. C'est ce que révèle un sondage Ifop réalisé entre le 10 et le 18 octobre pour la société Fiducial. Pour Jean-Marc Jaumouillé, directeur des techniques professionnelles chez Fiducial, « tant que l'exécutif restera sur cette ligne, la reprise de l'activité sera impossible. Les prélèvements obligatoires obèrent dangereusement l'investissement et l'emploi[1] ». Et les choses ne risquent pas de s'améliorer dans un avenir proche, puisque, pour

1. AFP, 14 novembre 2013.

2014, peu de patrons de TPE croient en la promesse d'une pause fiscale : 75 % d'entre eux craignent une hausse supplémentaire, selon ce sondage. À force de multiplier les hausses d'impôt pour réduire la dette au plus vite, le gouvernement a visiblement sous-estimé les conséquences du ras-le-bol de ces chefs d'entreprise. Or ce dernier ne se traduit pas uniquement par l'expatriation d'un certain nombre d'entre eux – ce fait aurait été anticipé et assumé sans état d'âme par l'actuelle majorité présidentielle –, mais par une révolte silencieuse, difficilement mesurable et autrement plus inquiétante pour les recettes de l'État : l'exil fiscal interne, aussi qualifié par les intéressés de « vacances fiscales ».

Travailler moins pour gagner moins

« À partir de maintenant, je lève le pied. » Depuis début 2012, Marc Fiorentino, le fondateur d'Euroland Finance et associé de la société de courtage Monfinancier.com, a décidé de réduire son rythme de travail. Exaspéré par le climat de chasse aux riches, par l'énergie négative qui règne à l'égard des entrepreneurs, par la réprobation de la classe politique contre ceux qui, légitimement, rêvent de s'enrichir, ce fou de travail n'a plus envie de se battre : « J'aurais pu embaucher plus de collaborateurs et continuer à me défoncer dans mon boulot, comme je l'ai toujours fait. Là, j'en ai juste marre… » Lui qui, dans sa lettre d'information quotidienne, fustigeait régulièrement la France « des 35 heures et des ponts du mois de mai », a redécouvert les délices d'une vie « normale ». Pour la première fois, il a pris tous les ponts en question et a profité avec sa famille, sans culpabiliser une seconde, de ses douze semaines de vacances : hiver, Pâques, le mois d'août, la Toussaint et Noël, bien sûr. Du coup, il a commencé à voir dans la France « un pays formidable pour ceux qui ne travaillent pas », reconnaît-il. Ses revenus ont certes baissé, mais ils restent suffisants pour vivre confortablement. Et il est ravi d'avoir pu, en contrepartie, « rééquilibrer sa vie professionnelle et personnelle ». Pour autant, la situation ne le satisfait qu'à moitié, car il estime que les conséquences pour le pays seront incalculables. Plusieurs de ses amis et de ses relations professionnelles ont fait le même choix que lui. Et tous ont apprécié leur nouvelle vie. « Ceux-là sont perdus pour le pays, ils ne retravailleront jamais autant[1] », regrette-t-il. Ils ne sont pas les seuls.

Si la nouveauté réside dans la participation à ce mouvement de chefs d'entreprise, comme Marc Fiorentino, la situation est tout aussi frappante du côté de certaines professions libérales. Il y a belle lurette qu'elles ont réduit le rythme pour des raisons fiscales. Depuis le début des années 1980, après l'arrivée de la gauche au pouvoir, nombre de médecins et de dentistes expérimentent le principe de ces « vacances

1. Entretien avec l'un des auteurs, 18 novembre 2013.

fiscales » en calibrant leur volume de travail par rapport à leur niveau d'impôt sur le revenu : « Sachant qu'au bout de quatre jours de travail par semaine tout ce que je gagnerai en plus sera confisqué par le fisc, j'ai décidé de m'arrêter de travailler le jeudi soir », explique un médecin breton dans l'émission *Tout peut changer* intitulée « Impôts : la grande injustice ? » sur France 3 le 4 novembre 2013. Dans cet autre cabinet médical, chaque semaine, la comptable de service vient prévenir les trois médecins qu'il est temps pour eux de lever le pied s'ils le souhaitent. Soucieux de ne pas perdre leur clientèle, d'autres choisissent tout simplement de ne pas faire payer les consultations aux patients.

Dans un genre différent et plus sophistiqué, les détenteurs de très gros patrimoines ont opté pour le contrat surnommé « Hollande », proposé par plusieurs banques à leurs riches clients et leur permettant d'éluder l'ISF pendant une période déterminée. Le principe est simple. Partant du fait que la charge de l'ISF ne doit pas dépasser 75 % de leur revenu, ils décident tout bonnement de percevoir… zéro revenu ! Explication : ces contribuables transfèrent leurs actifs dans une holding qui ne versera ni dividendes ni revenus pendant une période déterminée – disons, au hasard, jusqu'en juin 2017. Ne percevant pas de revenus pour vivre pendant cette période, ils empruntent les sommes dont ils ont besoin pour assurer leur train de vie. Les banques leur font crédit de ces sommes, qui seront remboursées à l'échéance prévue.

Malheureusement pour les finances de l'État, les conséquences des départs à l'étranger ajoutées à la multiplication des adeptes des vacances fiscales se sont traduites pour l'année 2013 par une chute de recettes fiscales de 15,5 milliards d'euros par rapport aux prévisions. Déjà alerté sur ce phénomène en novembre 2013, Gilles Carrez, président de la commission des finances de l'Assemblée nationale, établissait un diagnostic sans appel : « La saturation fiscale est telle que les contribuables modifient leur comportement, vont en masse refuser d'investir ou d'avoir de la recette supplémentaire pour les professions indépendantes. » Selon lui, « il y a aussi probablement des délocalisations d'entreprises et de particuliers, du retour du travail au noir sur les emplois familiaux, de la fraude fiscale *via* les carrousels de TVA… ». Et il concluait : « Si le gouvernement ne prend pas en compte ces phénomènes, nous allons vers de très grandes difficultés[1]. »

La France au black

Employeurs particuliers ou artisans, tous jugent inéluctable la montée du travail illégal face à la hausse de l'impôt et des cotisations[2]. La fraude aux cotisations

1. AFP, le 13 novembre 2013.
2. Le passage suivant et les citations sont tirés de « Alerte rouge sur le travail au noir », *L'Opinion*, 19 novembre 2013.

sociales représenterait 15 milliards d'euros par an. La lutte contre ce fléau est une priorité du gouvernement depuis 2011, et Michel Sapin, ministre du Travail, se rend régulièrement à Bruxelles pour évoquer le sujet avec ses homologues européens. Il y a urgence ! « L'évolution du travail au noir est moins sensible à la conjoncture qu'au niveau et à la structure de la fiscalité », note Gilles Saint-Paul, professeur d'économie à l'université Toulouse-I.

Dans le bâtiment, note Didier Ridoret, le président de la Fédération française du bâtiment, « la situation s'était bien améliorée ces dernières années, car la baisse de la TVA dans le secteur avait plutôt incité à des régularisations. Mais, aujourd'hui, des chefs d'entreprise ont recours [au travail au noir], souvent à contrecœur, tout simplement pour éviter de mettre la clef sous la porte ». Certains licencient leurs salariés, leur demandent de passer auto-entrepreneurs et les font travailler sous ce statut, nettement moins onéreux. D'autres préfèrent carrément ne pas déclarer toutes les heures. « Nos clients nous demandent tous de faire leurs travaux avant la fin de l'année pour ne pas payer le surplus de TVA, raconte cet artisan couvreur. Mais nous ne pouvons pas ! À partir de 2014, ils vont donc nous demander de payer une partie au noir. »

Même cri d'alarme dans les services à la personne, où l'on constate une baisse significative des heures déclarées depuis début 2013. La présidente de la Fédération des particuliers employeurs (Fepem),

Marie-Béatrice Levaux, estime que « les services à domicile pourraient perdre plus de 60 000 emplois déclarés en 2013 ». En cause, la hausse des charges : en moins de trois ans, le coût de l'emploi à domicile a augmenté de 12 % ! Les 15 millions de personnes qui embauchent une nounou, une femme de ménage, une aide pour les personnes âgées ne licencient pas, car leurs besoins sont toujours là, mais elles s'arrangent. On déclare trois heures au lieu de cinq et on paie le reste de la main à la main... Et encore, quand on déclare tout court. « C'est désastreux, explique Marie-Béatrice Levaux, car nous étions plutôt dans une tendance où le travail illégal se raréfiait. Les chèques emploi service, les allégements de charge y avaient beaucoup contribué. » Chacun trouve son compte dans la nouvelle situation. « Les employés eux-mêmes nous demandent de ne pas les déclarer, car ils ne veulent pas perdre leurs prestations sociales », raconte la gérante d'un restaurant du sud de la France. « Lorsqu'on fait des contrôles, on tombe fréquemment sur le senior qui complète sa retraite par un petit boulot ou le bénéficiaire du RSA qui fait quelques heures en plus au noir... Vu le contexte économique, on a tendance à fermer les yeux sur ces cas de figure », témoigne un inspecteur du travail en Lorraine. « Le fait d'être assisté crée des incitations à travailler au noir », confirme Gilles Saint-Paul. L'Urssaf, qui collecte les cotisations, ne nie pas cette réalité. « Nous avons effectivement constaté une baisse des heures et des cotisations déclarées par les employeurs particuliers depuis le début de l'année 2013, explique Jean-Marie Guerra, directeur de la réglementation, du recouvrement et du service de l'Acoss (Agence centrale des organismes de sécurité sociale). Nous restons attentifs à cette évolution. En 2014, notre cellule Internet va d'ailleurs se concentrer sur le jobbing, c'est-à-dire sur ces sites Internet qui confrontent offre et demande de travail. Nous serons particulièrement attentifs à toute proposition de rémunération en espèces. Mais la traque sur Internet est un travail de longue haleine et il est difficile de prouver qu'il y a eu fraude ! »

Toute la difficulté est là. Qu'est-ce que la fraude fiscale ? Commençons par ce qu'elle n'est pas. Si vous souhaitez réduire vos impôts, vous n'êtes pas pour autant un fraudeur. « Je rappelle que la recherche de moins d'impôt est légale. Elle est même organisée, voire encouragée par l'État. Utiliser des défiscalisations ou des niches fiscales n'est pas une attitude condamnable en tant que telle et, lorsqu'il ne s'agit que de cela, la voie pénale n'est pas concernée », affirme, le 2 mai 2012, Maryvonne Caillibotte, directrice des affaires criminelles et des grâces au ministère de la Justice et des Libertés, devant la commission d'enquête du Sénat sur l'évasion des capitaux et des actifs hors de France et ses incidences fiscales. Que n'est-elle pas davantage écoutée par Bercy ! De la même manière, la fraude ne vise pas ceux, particuliers ou entreprises, qui ont décidé de partir avec armes et bagages ; il y a des transferts d'activité et de patrimoine réalisés pour profiter d'un régime fiscal plus favorable. Lorsque cela se passe de façon transparente et légale, ce n'est pas de la fraude, alors même que ces « mobilités fiscales » se traduisent par des recettes en moins pour l'État français. En France, toutefois, le non-respect de l'esprit de la loi peut suffire à être sanctionné au titre d'un « abus de droit », qualifié par les experts de « péché des surdoués de la fiscalité[1] ».

Pas facile, en tout cas, d'évaluer le montant annuel des pertes fiscales et sociales dues aux fraudes. On a pourtant l'embarras du choix, tant les uns et les autres y ont été de leurs chiffres, chaque fois plus élevés, façon concours, mais en exprimant toujours des doutes sur la fiabilité des données. Certains chiffrages cherchent l'annonce sensationnelle, tandis que ceux des organisations syndicales de Bercy s'accompagnent de recommandations concernant les moyens humains dévolus à l'administration des Finances. En opérant différents recoupements, on arrive à un montant voisin de 35 milliards d'euros par an.

Grandes entreprises et paradis fiscaux

Ce chiffre est malheureusement le résultat de tendances de fond, pas près d'être inversées. La « globalisation de l'économie » se traduit concrètement par une dimension de plus en plus internationale de

1. Maurice Cozian et Florence Deboissy, *Précis de fiscalité des entreprises 2012/2013*, LexisNexis, 2012.

l'activité des entreprises et des individus. Dans cet univers « ouvert », les contribuables trouvent une « boîte à outils commune », ainsi qualifiée par les députés Alain Bocquet et Nicolas Dupont-Aignan dans leur rapport d'information d'octobre 2013. Cette boîte, à utiliser de préférence dans les paradis fiscaux ou des pays à basse fiscalité, comporte notamment le secret bancaire (même partiel), les sociétés off-shore qui permettent de localiser une activité spécifique, les instruments financiers hybrides à cheval entre deux pays, des entités hybrides (même schizophrénie) et les trusts qui organisent l'opacité. Il n'est pas étonnant, dans ces conditions, que les infractions fiscales internationales constituent l'un des principaux motifs de redressement, assorti de « pénalités exclusives de bonne foi » prononcées par la Direction des vérifications nationales et internationales (DVNI), et que la Direction générale des impôts (DGI) considère les aspects internationaux comme l'un des axes prioritaires du contrôle fiscal. On comprend bien, par exemple, que la bonne foi soit exclue dans le cas d'un compte en Suisse non déclaré, d'un trust à Jersey ou d'une société off-shore à Chypre !

La traque aux fraudeurs est encore compliquée par la structure même du commerce mondial. Les flux intragroupes en représentent aujourd'hui 60 % ! En France, un tiers des exportations et un quart des importations sont des opérations entre entreprises d'un même groupe. Or, au sein d'un groupe, il existe des possibilités multiples pour jouer sur la localisation des bénéfices, que ce soit au niveau financier (dividendes entre une société « mère » et sa filiale, prêts entre entités...) ou au niveau commercial, avec la question centrale des « prix de transfert », c'est-à-dire le prix d'achat d'un bien ou d'un service entre entités d'un même groupe. Il y a des règles, des méthodes et des principes – comme celui dit de « pleine concurrence » : on doit faire comme si l'on vendait ou achetait à une entreprise indépendante. Mais l'expérience montre que les marges d'interprétation sont importantes, le contrôle difficile, et que l'administration n'a pas toujours gain de cause devant les tribunaux. Dans le cas de l'affaire Veritas – dont le nom est tout un programme –, les tribunaux américains ont débouté le fisc au motif que ses arguments étaient « arbitraires, fantasques et déraisonnables » ; la somme en jeu était de 1,5 milliard de dollars[1] !

Le développement de l'économie numérique complique encore les choses. Les entreprises de ce secteur sont jeunes, et donc, comme le notent deux inspecteurs des finances récemment en mission sur la question, ont pu faire en sorte que « l'organisation juridique des opérations intègre d'emblée l'objectif de minimiser le taux effectif d'imposition en cas de succès et de développement international[2] ». Autrement

---

1. 133 T.C. n° 14, United States Tax Court, Docket No. 24918-10, Filed November 20, 2013.

2. Pierre Collin et Nicolas Colin, « Rapport sur la fiscalité numérique », janvier 2013.

dit, les groupes s'organisent en fonction des dispositions fiscales existantes. Cette optimisation est facilitée par les caractéristiques propres des entreprises du numérique, dont la création de valeur repose essentiellement, voire uniquement, sur de l'incorporel (un algorithme, une marque, une base de données) qui peut aisément être localisé dans tel ou tel pays en fonction de choix fiscaux. Concrètement, cette approche a permis aux GAFAM (Google + Apple + Facebook + Amazon + Microsoft) de ne payer en 2011 en France que 37,5 millions d'euros d'impôts ; sans optimisation, ils auraient payé 828,7 millions d'euros[1]... Mais cette stratégie fiscale, construite sur des montages aux noms évocateurs – « double irlandais » et « sandwich néerlandais » –, est-elle de la fraude ? Constitue-t-elle un abus de droit ? Curieusement, il n'est pas si facile de répondre à cette question.

La traque fiscale se durcit

Les États, endettés jusqu'au cou et soucieux de remplir leurs caisses par n'importe quel moyen, se sont mobilisés ces dernières années à tous les niveaux. Au niveau international d'abord, avec des initiatives dans le cadre du G8 puis du G20, notamment

1. Selon l'étude réalisée par le cabinet Greenwich Consulting en 2013 pour le compte de la Fédération française des télécommunications.

autour de l'idée d'un « échange automatique d'informations » entre les administrations de différents pays, ainsi qu'avec l'harmonisation progressive des... 3 000 conventions fiscales bilatérales. La feuille de route est assez concrète et une initiative américaine nommée Foreign Account Tax Compliance Act (FATCA), qui cherche à imposer à toutes les banques du monde une obligation de déclaration de leurs clients américains, fait drôlement bouger les lignes, particulièrement en Suisse. En Europe aussi, des efforts sont faits, comme la directive de 2011 sur la coopération administrative dans le domaine fiscal et l'objectif affiché d'arriver à un échange d'informations au 1er janvier 2015. Au niveau français, enfin, même si l'on entend souvent dire que nous sommes en retard, des initiatives existent. La prise de conscience a été favorisée par plusieurs rapports (notamment huit rapports parlementaires depuis 1998, dont deux en 2013). Dans le sillage de leurs conclusions, de nombreux dispositifs ont été mis en place ou renforcés. L'affaire Cahuzac a encore précipité les choses. Dans la foulée, François Hollande a annoncé qu'une nouvelle loi serait votée pour lutter contre la fraude fiscale, en même temps que serait créé un « super-parquet financier ». La loi de « lutte contre la fraude et la grande délinquance économique et financière » a été promulguée le 6 décembre 2013. Fraudeurs, tremblez ! On allait voir ce qu'on allait voir avec la nomination d'un nouvel Eliot Ness, une femme en l'occurrence. C'était oublier un peu vite que c'est toujours Bercy qui garde la main sur les questions fiscales. C'est en effet le ministre du Budget qui saisit la Commission des infractions fiscales, la seule à pouvoir demander au parquet d'engager des poursuites. Or Bercy préfère parfois transiger et faire rentrer l'argent tout de suite dans les caisses de l'État plutôt que de renvoyer le fraudeur devant la justice. Les moyens alloués au nouveau « super-procureur financier » ont été réduits à la portion congrue. Cinq magistrats du parquet lui seront affectés au départ, contre vingt et un promis. Côté juge d'instruction, aucun nouveau poste n'est créé en plus de ceux du tribunal de grande instance de Paris. Dans le rapport annexé au projet de loi, le ministère de la Justice estimait pourtant que, « compte tenu de la complexité des dossiers, dix magistrats d'instruction supplémentaires seraient à prévoir ». Annoncé en fanfare, le nouveau « super-procureur financier » va donc commencer en douceur, c'est le moins que l'on puisse dire…

Le durcissement de la lutte anti-fraude instauré par cette nouvelle loi est en tout cas payant. Il est vrai que les peines d'emprisonnement peuvent aller jusqu'à sept ans pour les cas les plus graves. Le 15 janvier 2014, le ministre du Budget, Bernard Cazeneuve, a annoncé que, depuis juin 2013, 11 000 personnes avaient déposé des demandes de régularisation auprès du fisc français. Les redressements pourraient atteindre un montant d'un milliard d'euros. Tous les « repentis fiscaux » doivent payer l'impôt dû, une majoration, les intérêts de retard et les amendes. Les fraudeurs « passifs », ayant hérité d'actifs non déclarés ou dont les avoirs proviennent d'une expatriation professionnelle, sont moins punis que les autres : la majoration appliquée ne sera que de 15 % au lieu de 40 %. Pour les « actifs », en revanche, ceux ayant fraudé délibérément, la majoration passe à 30 %. S'ajoutent à cela les amendes, plafonnées à 1,5 % pour les passifs et à 3 % pour les actifs. C'est donc le pistolet sur la tempe que ces « repentis » reviennent en France. Il faut bien reconnaître que c'est surtout l'attitude des États-Unis qui donne le ton. Sous haute surveillance des Américains avec le FATCA, les banquiers suisses font le ménage chez eux et incitent bon nombre de leurs clients étrangers à fermer leurs comptes.

Si la lutte contre la fraude est vitale pour éviter le délitement de l'impôt, c'est une bataille très rude à mener dans un environnement peu hospitalier. Ce serait déjà un succès que de maîtriser les dérives apparues ces dix dernières années et de limiter le montant de la fraude à un niveau acceptable, c'est-à-dire non corrosif pour le consentement à l'impôt. En tout cas, il n'existe pas de « cagnotte », comme le soulignait déjà le Conseil des prélèvements obligatoires dans son rapport sur la fraude de mars 2007 : « Il faut donc se méfier de raisonnements trop simples qui mettraient face à face le niveau de fraude et le niveau de déficit public et déduiraient de l'évaluation de la fraude qu'il y a là un moyen "facile" ou en tout cas atteignable de régler les problèmes de financement de l'État et des organismes sociaux. Certes, la lutte contre la fraude doit permettre de faire rentrer des recettes supplémentaires dans les caisses des organismes publics, mais elle ne sera pas suffisante pour ramener à des niveaux plus soutenables les déficits publics. Ceci dépend en effet principalement de l'écart entre le rythme d'augmentation des dépenses et celui des recettes, sur lesquels la fraude ne joue pas en dynamique. » On ne saurait mieux dire. On ajoutera que, si le dossier de la fraude est distinct du débat sur le système fiscal lui-même, il lui est inévitablement lié. Un niveau d'impôt élevé est toujours un moteur puissant pour les tricheurs.

QUATRIÈME PARTIE

RÉFORMER

12

Le sapeur Camember

Le déficit et la dette, deux puits sans fond

Pour réduire les déficits, il suffisait d'augmenter les impôts. Mais actionner la pompe à finances n'a pas servi à grand-chose…

« C'est une politique qui été dégradée, pas la France. » Voilà ce qu'a déclaré le candidat Hollande en janvier 2012 lorsque l'agence de notation Standard & Poor's a fait perdre à la France son triple A. À l'époque, notre pays payait comme d'autres les conséquences de la crise de la dette souveraine en Europe. Dix-huit mois plus tard, rebelote. Le vendredi 8 novembre 2013, à 7 heures du matin, peu avant l'ouverture des Bourses européennes, Standard & Poor's abaisse encore d'un cran la note de la France. Mais, entre-temps, le candidat Hollande est devenu président…

La décision de Standard & Poor's a été prise tard dans la nuit au siège new-yorkais de l'agence, situé au 55 Water Street, non loin de Wall Street. Dans la confidentialité la plus absolue, tant le verdict de ses analystes peut impacter les marchés si le timing n'est pas contrôlé à la minute près. Fait totalement inédit, l'agence souligne dans son communiqué que nos marges de manœuvre sont désormais réduites parce que nous avons déjà beaucoup, voire beaucoup trop, augmenté les impôts ! Autrement dit, c'est cette fois la politique de François Hollande et le ras-le-bol fiscal qu'elle a entraîné qui valent à la France d'être dégradée. Du jamais vu ! Jusque-là, la France avait certes la réputation de dépenser à tout va, mais aussi celle de collecter parfaitement, massivement l'impôt. La « tonte » organisée des contribuables permettait de limiter les dégâts. Ce n'est plus le cas, puisque le consentement à l'impôt s'effrite. Le choc est rude. Cette fois, François Hollande a préféré ne rien dire. Jean-Marc Ayrault, lui, a relativisé l'importance de la nouvelle, rappelant que la note française reste « l'une des meilleures au monde », tandis que le ministre de l'Économie, Pierre Moscovici, a dénoncé les « jugements critiques et inexacts » de l'agence de notation. Qu'importe, le mal était fait !

Les spécialistes de Standard & Poor's auraient pu être nettement plus sévères. Car, malgré les nouveaux impôts et l'augmentation de ceux qui existaient déjà, les déficits n'ont cessé de progresser. Le 16 janvier 2014, Bercy s'est même fendu d'un communiqué expliquant qu'il manquait 3,5 milliards d'euros dans les caisses de l'État par rapport aux estimations de décembre 2013, qui faisaient déjà état d'un manque à gagner de 12 milliards. L'exercice 2014 commence donc avec un trou de 15,5 milliards, portant la dette publique en 2014 à un pic de 1 950 milliards d'euros. À cause de ce mur de la dette, l'État français, pour maintenir son train de vie et continuer à financer ses dépenses courantes, est obligé d'emprunter tous les jours près de 500 millions d'euros aux investisseurs financiers. Et le montant de notre dette brute représente désormais 95,1 % de notre produit intérieur brut, l'équivalent du chiffre d'affaires annuel consolidé de l'entreprise France ou de la richesse produite chaque année.

« Je suis à la tête d'un État qui est en situation de faillite, je suis à la tête d'un État qui est depuis quinze ans en déficit chronique, je suis à la tête d'un État qui n'a jamais voté un budget en équilibre depuis vingt-cinq ans. Ça ne peut pas durer », s'inquiétait déjà en août 2007 François Fillon, alors Premier ministre de Nicolas Sarkozy. Non seulement ça a duré, mais ça a beaucoup empiré à cause de l'explosion de la crise financière de 2008.

Toutefois, ces dernières années de crise n'expliquent pas tout. Pour comprendre pourquoi notre dette a pris une telle ampleur, il faut remonter à la fin des Trente Glorieuses, en 1975, dernière année où la France a présenté un budget en équilibre. À l'époque, la forte hausse des produits pétroliers a fait chuter la croissance, qui jusque-là atteignait des taux de 5 % par an. Pour soutenir l'activité, le président Valéry Giscard d'Estaing et son Premier ministre Jacques Chirac décident de recourir à la dette. Un premier emprunt de 600 millions d'euros sert, entre autres, à financer les grands travaux – la modernisation des télécoms notamment –, à relever le niveau des prestations sociales et à accorder des aides à l'investissement aux entreprises. Problème : cette potion ne réussit pas à doper durablement la croissance. Par la suite, tous les gouvernements, qu'ils soient de droite ou de gauche, prennent l'habitude de s'endetter sans jamais envisager de privilégier le retour à l'équilibre budgétaire. Même pendant les périodes de croissance, comme entre 1997 et 2000, la dette augmente en moyenne de 3,4 % par an. Les suppléments de recettes tirés de la croissance sont considérés comme des cagnottes qui doivent être restituées aux contribuables sous forme soit de baisses d'impôt, soit de dépenses supplémentaires. Entre 1997 et 2002, près de la moitié des 71,8 milliards d'euros de recettes supplémentaires ont ainsi été utilisés pour des réductions d'impôt, un gros tiers pour la création de nouvelles dépenses, et 20 % seulement affectés à la réduction du déficit budgétaire. En 2005, dans son désormais célèbre rapport sur la dette, Michel Pébereau dénonçait l'emballement de la machine infernale, qui a abouti au triplement de la dette française en quinze ans, alors qu'au même moment la plupart des pays occidentaux faisaient baisser leurs dépenses publiques tout en préservant une protection sociale efficace[1].

Le déficit actuel de la France est donc, dans sa quasi-totalité, la conséquence des déficits passés. Depuis plus de vingt ans, la France dépense en moyenne 20 %

1. Michel Pébereau, *Rompre avec la facilité de la dette publique*, La Documentation française, 2005.

de plus que les recettes dont elle dispose. Autrement dit, quand 100 euros sont prélevés sur les ménages et les entreprises, 120 euros sont dépensés par l'État. Ces dépassements sont d'ailleurs autorisés chaque année par le Parlement lors du vote du budget de l'État pour financer ce qu'on appelle les dépenses publiques. Ces dernières se divisent en trois gros postes : les dépenses dites d'État, celles de la Sécurité sociale et celles des collectivités locales. Les premières sont de loin les plus importantes et concentrent 80 % de notre dette globale. Elles servent à financer les missions régaliennes, à savoir la police, la justice, la défense, la diplomatie, certaines missions comme l'éducation, enfin les dotations aux 700 organismes divers de l'administration centrale – l'Inra, l'Inserm, le CNRS, Météo France ou encore les musées. En 2013, sur un budget global de dépenses autorisées de 331,2 milliards d'euros, les seules charges de personnel, c'est-à-dire les salaires des près de 2,4 millions de fonctionnaires, qui incluent tout ou partie des rémunérations des 385 500 opérateurs de l'État travaillant notamment dans les universités, dans les établissements publics de recherche, à Pôle Emploi, dans les secteurs de l'agriculture, de la pêche, de la forêt ou de la culture, ont représenté 131 milliards d'euros, soit 40 % des dépenses. En ajoutant les simples dépenses de fonctionnement de l'État, soit 46,9 milliards d'euros, la facture s'élève à 178 milliards. Le troisième poste de dépense est désormais la charge de la dette, qui s'est montée à 45 milliards d'euros en 2013.

L'incroyable gabegie des dépenses sociales

Les dépenses de l'État ne sont malheureusement pas les seules à avoir dérapé. Depuis quelques années, les comptes de la Sécurité sociale – qui regroupent l'assurance maladie, les prestations sociales et familiales, les retraites et les accidents du travail – ont eux aussi viré au rouge. Selon un récent classement de l'OCDE, la France serait même devenue la championne du monde des dépenses sociales, dépassant d'une courte tête le Danemark. Surtout, souligne Michel Pébereau, « la France est devenue une exception mondiale, puisqu'elle est la seule à financer les régimes sociaux de ses citoyens à crédit[1] ». Aujourd'hui, nous dépensons chaque année 621 milliards d'euros pour les prestations de protection sociale, soit l'équivalent d'un tiers de toute la richesse produite en une année. Ces dépenses ont connu un coup d'accélérateur au cours de la dernière décennie. Leur dérapage est d'autant plus difficile à juguler que les organismes comme les caisses d'allocations familiales (CAF), la Caisse nationale d'assurance maladie (CNAM) et les caisses de retraite ont un fonctionnement opaque, piloté par les partenaires sociaux, mais aussi, pour les deux premiers, par l'État. De ce système paritaire, on sait simplement que ses dépenses administratives et financières nous coûtent officiellement 33 milliards

1. Entretien avec les auteurs, 28 novembre 2013.

d'euros, presque autant que ce que rapporte l'impôt sur les sociétés.

Autre raison de cette dérive : l'obstination à ne rien changer au système de protection sociale alors que tout a changé. Ce système a été bâti en 1945 suivant une conception définie par le Conseil national de la résistance : « apporter la garantie à chacun qu'en toutes circonstances il disposera des moyens nécessaires pour assurer sa subsistance et celle de sa famille dans des conditions décentes ». D'où la création d'une multitude de systèmes d'assurance et de prévoyance couvrant les risques de maladie ou de vieillesse selon des filières professionnelles ou géographiques. Alors que le système avait vocation à être unique, dès le départ les bénéficiaires de certains régimes plus généreux (EDF, cheminots) ont refusé d'intégrer le régime général. Or, aujourd'hui, à cause de la mobilité professionnelle, la juxtaposition des différents régimes n'a plus beaucoup de sens.

Parallèlement se sont développées des barrières entre le local et le national. Les caisses locales, créées en 1945, ont précédé les caisses nationales, créées en 1967. Ces empilements ont généré une jungle d'organismes dans laquelle seuls les experts se retrouvent. En 2013, près de 500 caisses sont en charge de la distribution des prestations sociales : la Caisse nationale de retraite, la Caisse nationale d'assurance maladie, la Caisse nationale d'allocations familiales, celle des employeurs du régime général de la Sécurité sociale, la Caisse nationale de la sécurité sociale des indépendants, celle des agriculteurs au niveau national, auxquelles s'ajoutent les délégations de chacune à l'échelon régional, puis local.

L'ensemble de ce « financement social » est géré depuis 1996 par la Caisse d'amortissement de la dette sociale (Cades), l'organisme chargé d'apurer les déficits passés de la Sécu. Ses recettes (16,3 milliards d'euros par an) se composent notamment d'une partie de la contribution sociale généralisée (CSG) et de la CRDS. En 2014, elle supporte encore une dette de 133 milliards d'euros. Lors d'une conférence de presse, le 14 janvier 2014, son président, Patrice Ract Madoux, s'est pourtant montré optimiste. Sauf explosion des taux d'intérêt, la dette de la Sécurité sociale sera intégralement remboursée dans dix ans, en 2024, soit un an plus tôt que ce qui était envisagé lors du vote de la dernière loi en date sur la gestion de la dette sociale. Aujourd'hui, tout va bien : la Caisse emprunte à peine plus cher que l'État et parvient même à appliquer des taux d'intérêt négatifs sur la petite partie d'emprunts à court terme qu'elle lance. Autrement dit, elle trouve des investisseurs prêts à payer 0,22 % pour lui prêter leur argent à moins d'un mois ! La vie est belle. Qu'on ne se réjouisse pas trop vite, toutefois. La Sécurité sociale, pendant ce temps-là, génère de nouveaux déficits. Il faudra bien les rembourser à leur tour, sans doute en les transférant à la Cades. Cela nécessitera de relever les prélèvements qui l'alimentent ou de prolonger, par une loi organique, sa durée de vie. Bref, tant que la Sécu ne sera pas à l'équilibre, la Cades ressemblera un peu à la planète Shadock !

Cachez sous le tapis ces dettes que l'on ne saurait voir

Si l'on ajoute au déficit de l'État et de la Sécurité sociale celui des collectivités locales, on obtient un tableau bien sombre de la situation de nos finances publiques. Et ce n'est malheureusement que la partie émergée de l'iceberg. Il existe en effet nombre de factures non comptabilisées qui sont qualifiées d'« incertaines » et que l'État et les collectivités préfèrent cacher sous le tapis. En termes comptables, on appelle cela du « hors-bilan ». L'idée est la suivante : comme on ne connaît pas la probabilité de la dépense, les recettes correspondantes ne sont pas prévues, et cela ne peut être inscrit dans un bilan. Imparable. Sauf que, fin 2012, le montant de ces engagements donnait le vertige, puisqu'il s'élevait à 3 090,1 milliards d'euros ! Certes, ce montant ne saurait être additionné ni même comparé au montant de la dette réelle du pays. On pourrait même opposer la logique du hors-bilan à celle de la dette : la dette de l'État, ce sont des engagements de payer sauf faillite de l'État ; le hors-bilan, ce sont des engagements de payer précisément en cas de faillite de telle entreprise, de tel projet ou de tel système. Mais les deux maladies ont beau être différentes, elles n'en sont pas moins graves pour autant !

Dans ce « hors-bilan », on trouve des choux et des carottes. Il s'agit d'abord des garanties de l'État ou d'un opérateur de l'État, par exemple la garantie de la banque finançant l'achat d'un ou plusieurs Airbus A380 par un client étranger ou l'assurance-prospection de la Coface pour l'activité d'une PME au Brésil. Elles représentent un tiers du hors-bilan global. Si le client d'Airbus ne paie pas ou si l'activité au Brésil ne marche pas, l'État devra payer. On trouve ensuite des engagements liés à des actions publiques portant sur une gestion de plus d'un an, par exemple une allocation adultes handicapés versée pour deux ans (renouvelables) ou des fonds d'apprentissage pour des cursus de deux ans. Ces engagements représentent 14 % du total. Enfin sont logés là les engagements de retraite des fonctionnaires ; il s'agit des droits à pension bruts (54 % du hors-bilan de l'État). En régime de répartition équilibré, les cotisations de l'année paient les pensions. L'État n'est sollicité que si le système est déficitaire. Il y a là un risque réel, car il faudrait équilibrer le régime – comme les autres – en fonction des trois fameuses variables : âge de départ, niveau de la pension et taux de cotisation. Si le nombre de fonctionnaires est réduit ou si leurs salaires sont diminués, cet équilibre restera difficile à atteindre, et la tentation pour l'État de mobiliser le hors-bilan sera encore plus forte.

En 2011 déjà, la Cour des comptes émettait des réserves : « Les comptes de l'État donnent une image incomplète de ses risques et de ses engagements à cette date, faute, selon les cas, de les recenser, de les analyser et de les retranscrire de manière satisfaisante. » Deux ans plus tard, elle considère qu'une part importante du stock des engagements hors bilan « présente à l'heure actuelle un caractère systémique » et que « les pouvoirs publics ne sauraient faire l'économie d'une extrême circonspection » ! Pourquoi cette inquiétude ? D'abord, il existe des risques pris ici et là qui ne sont pas connus, notamment dans le champ de la protection sociale (retraites de l'assurance vieillesse, invalidité, accidents du travail) et des collectivités territoriales. Citons un exemple tiré d'une récente enquête du gendarme des comptes publics[1]. La communauté de communes de Granville a donné une garantie de 200 000 euros pour soutenir une coopérative de pêcheurs artisans. En plus d'être risquée, cette garantie est irrégulière : en effet, le soutien de l'activité économique relève de la compétence de la région. C'est un engagement hors bilan de la sphère publique qui n'était pas connu jusqu'ici. Combien d'autres sont encore dissimulés ?

Autre source importante de hors-bilan, les fameux partenariats public-privé (PPP). Cette formule créée en 2004 permet à une administration ou à une collectivité locale de confier à un seul opérateur privé le financement, la construction, la maintenance et l'exploitation d'un équipement ou la délégation d'un service

1. Chambre régionale des comptes Basse-Normandie, Haute-Normandie sur la gestion de la communauté de communes du pays granvillais, 1er novembre 2013.

public (par exemple, l'éclairage d'une commune). En contrepartie, le commanditaire public doit payer un loyer pendant des dizaines d'années. De 2005 à 2012, 167 PPP ont été signés, dont 129 par des entités publiques locales (régions, départements, communes), les 38 autres l'ayant été par des entités relevant de l'État (établissements publics), pour un montant total de 12,8 milliards d'euros. Sur ces très longues périodes peuvent survenir des risques qui engageraient la responsabilité des commanditaires – risques aléatoires, donc comptabilisés hors bilan ! En octobre 2013, la Direction générale des collectivités locales a été obligée de faire un point détaillé sur cette question, rappelant que ces engagements doivent absolument être formalisés lorsqu'ils sont susceptibles d'avoir un impact financier significatif. C'est bien la preuve que, jusqu'ici, certains ne l'étaient pas.

Les engagements hors bilan ont été multipliés par huit depuis 2006 – en additionnant les choux et les carottes… – et, surtout, ils se sont alourdis du fait des conséquences de la crise. Citons deux cas illustratifs. Une garantie a explosé, celle de Dexia, dont les actifs toxiques, tels des « aliens comptables » métastasant à une vitesse fulgurante, ont fait passer l'engagement de garantie de la France de 16,8 milliards d'euros au 31 décembre 2011 à 28,8 milliards au 12 novembre 2012, soit une hausse de 70 %. Autre conséquence de la crise : elle a conduit l'Europe à créer un fonds, puis le Mécanisme européen de stabilité financière. Comme tous les autres pays, la France, déjà très endettée, s'est vu affecter une quote-part pour un montant colossal de 126,4 milliards d'euros. Rien ne dit que la France sera appelée un jour à la rescousse pour tout ou partie de cette somme. C'est une épée de Damoclès supplémentaire au-dessus de notre tête.

Le hors-bilan, ce n'est pas clair, ce n'est pas complet et ça bouge beaucoup. Cette réalité, mise au jour par l'exigence de transparence des comptes de l'État, se retrouve dans d'autres pays. Elle mobilise aussi des gendarmes, tels le Tribunal de l'Union européenne et le Conseil constitutionnel. Elle est, et sera plus encore demain, prise en considération par les agences de notation. « Compte tenu de leur niveau actuel et des risques qu'ils peuvent faire peser sur la soutenabilité budgétaire, les engagements hors bilan de l'État doivent faire l'objet d'un suivi plus étroit et d'un encadrement plus strict qu'autrefois. En matière d'engagements hors bilan, il est désormais nécessaire de passer d'une logique de constatation à une logique de surveillance active », conclut la Cour des comptes.

L'opium de la dette

Pour gérer ces paquets de dettes, la France dispose d'un commando de combat très efficace : la petite équipe d'opérateurs de l'Agence France Trésor (AFT). Leur salle des marchés, un *open space* doté d'une vingtaine d'écrans de contrôle, se trouve au neuvième étage du ministère de l'Économie. On y accède par un petit escalier en colimaçon. Selon les dernières statistiques de cette agence, le taux de détention des obligations françaises par des non-résidents est légèrement remonté, à 63,2 %, sous l'effet notamment de nombreux achats en provenance d'établissements asiatiques. En 2013, l'État français a emprunté sur les marchés à des taux historiquement bas – un taux moyen de 1,54 % selon les statistiques diffusées en janvier 2014 par l'AFT, à comparer au taux moyen de 1,86 % en 2012. Cela explique une charge de la dette de 1,9 milliard d'euros de moins que prévu par la loi de finances initiale, à 45 milliards d'euros. Un tiers de cette baisse, soit 600 millions d'euros, est dû à celle des taux, et les deux tiers restants, soit 1,3 milliard, à la réduction de l'inflation au cours des derniers mois, ce qui a permis à l'État de réaliser des économies sur le versement des intérêts des obligations indexées sur l'inflation. En 2014, l'AFT prévoit à nouveau d'emprunter 173 milliards d'euros à moyen et long terme au taux moyen de 3,3 %, ce qui portera la charge de la dette à 46,7 milliards d'euros.

Attention, danger ! prévient pour sa part Jean Peyrelevade[1]. L'ancien président redresseur du Crédit Lyonnais, qui a aussi été directeur adjoint du cabinet de Pierre Mauroy lorsque celui-ci était Premier ministre et son conseiller économique, sait de quoi il parle. En 1982, il a été l'un des acteurs clés du « tournant de la rigueur ». Pour lui, aujourd'hui, d'un bien peut sortir

1. Dans une interview à *L'Opinion*, 18 novembre 2013.

un mal : « Entre la situation de 1982 et celle de 2013, il n'y a qu'un point commun, c'est que nous allons dans le mur. Aujourd'hui, nous sommes sous morphine. Tant que l'on peut s'endetter en euros, on peut financer notre déficit. Or celui de 1982 était deux fois moindre que celui d'aujourd'hui. Nous n'avons pas de contrainte assez forte pour changer de politique. » Jusqu'au jour où les marchés préféreront acheter des emprunts espagnols ou italiens, saluant les réformes structurelles engagées dans ces deux pays, plutôt que de la dette française.

13

Réforme fiscale

Petites mesures et mauvaises idées

En cette fin d'automne 2013, la France gronde. Pas une journée sans que les Français, exaspérés par les hausses d'impôts et les volte-face du gouvernement, expriment leur colère dans la rue. Arc-boutés contre l'écotaxe, les Bonnets rouges bretons arrachent toutes les bornes de contrôle à leur portée ; les céréaliers menacent de faire le siège de Paris ; les étudiants protestent contre l'expulsion de la jeune Rom Leonarda ; les dirigeants de clubs d'équitation défilent dans les avenues parisiennes pour dénoncer la hausse de la TVA dans leur secteur ; les enseignants hurlent contre la réforme des rythmes scolaires… Bref, tous rêvent d'enfoncer des bonnets d'âne sur la tête des ministres ! Jusqu'à Jean-Luc Mélenchon, drapé dans son écharpe rouge et qui ne perd jamais une occasion de se faire remarquer, qui harangue le bon peuple de gauche pour l'exhorter à partir à l'assaut de la forteresse Bercy le week-end du 1er décembre…

Mauvais timing : c'est justement à ce moment-là, le 19 novembre, que le Premier ministre, Jean-Marc Ayrault, au détour d'une question dans une interview aux *Échos*, annonce sa décision de « remettre à plat la fiscalité » à l'horizon 2015. Effet de surprise atteint ! Si quelques députés ont failli tomber à la renverse tant ils ont été pris de court, d'autres, n'osant y croire, se sont pincés pour vérifier qu'ils ne rêvaient pas. Certains ont même fantasmé… pendant quelques heures, comme ce chef d'entreprise excédé par l'empilage de mesures parfois contradictoires : « Si seulement c'était vrai ! Car, même si je ne suis pas d'accord avec les décisions de ce gouvernement, au moins y aurait-il un cap qui permettrait de donner de la lisibilité à sa politique fiscale. Après, à chacun de se positionner par rapport à cela[1]. »

Cependant, lassés de ces dix-huit mois d'hystérie fiscale, les contribuables ne demandent plus qu'une chose : une pause qui leur laisserait le temps de retrouver leurs repères. Et les doutes apparaissent : à moins de vouloir faire sa grande réforme en catimini, comment un Premier ministre peut-il lancer un chantier d'une telle envergure sans en avoir discuté au préalable avec le chef de l'État et les ministres concernés – Pierre Moscovici et Bernard Cazeneuve –, et sans l'avoir préparé en amont avec les fiscalistes de Bercy ? Qui plus est, en se fixant des échéances aussi courtes ?

La réalité reprend vite le dessus : le grand soir fiscal promis par le Premier ministre n'était finalement qu'un

1. Entretien avec l'un des auteurs, 20 novembre 2013.

gros coup de communication qui devait lui permettre de reprendre ses troupes en main tout en calmant les parlementaires de la majorité, impatients d'instaurer une fiscalité plus juste et plus équitable. Un coup politique confirmé, en creux, par François Hollande dès son retour d'Israël, au lendemain de l'annonce de son chef de gouvernement : « Cette réforme prendra le temps nécessaire, c'est-à-dire le temps d'un quinquennat », a ainsi précisé le président de la République. D'ailleurs, quinze jours plus tard, Jean-Marc Ayrault est allé de lui-même à Canossa : « La remise à plat ira jusqu'au bout, même au-delà du quinquennat. Elle se fera par étapes, sans brutalité, et à prélèvements constants. Dans un deuxième temps, cette réforme s'étendra à la fiscalité des collectivités locales. » Et il a reconnu humblement qu'« il faudrait au moins dix ans, soit deux quinquennats, pour en venir à bout[1] ».

Cela étant, au-delà du brouhaha ambiant, deux pistes sérieuses ont été évoquées : celle d'une fusion de la CSG avec l'impôt sur le revenu et celle de la mise en place d'un système de retenue à la source.

1. AFP, 8 décembre 2013 (propos tenus par le Premier ministre lors de son voyage en Chine).

L'impossible mariage d'une carpe et d'un lapin

C'était l'engagement numéro 14 du candidat François Hollande : « La contribution de chacun sera rendue plus équitable par une réforme permettant la fusion de l'impôt sur le revenu et de la CSG. » Autrement dit, l'union d'un impôt de rendement, forfaitaire, qui prélève le même pourcentage quel que soit le montant du revenu, avec un impôt dit d'équité à cause de son barème progressif et qui n'est payé que par la moitié des contribuables. Simple et de bon goût, en apparence… Cette idée n'est pas neuve. Elle a émergé au fur et à mesure de la montée en puissance de la CSG. À la demande de la commission des finances de l'Assemblée nationale, elle a été étudiée, en 2006 et 2007, par l'Observatoire français des conjonctures économiques (OFCE)[1]. Elle figure également dans les programmes socialistes depuis un certain temps, par exemple dans la motion du courant C – le Un monde d'avance (UMA) de Benoît Hamon et Henri Emmanuelli – au congrès de Reims en 2008. Elle a enfin été reprise en 2011, avec brio et médiatisation, dans le manifeste de Thomas Piketty and Co., *Pour une révolution fiscale*[2].

1. Guillaume Allègre, Gérard Cornilleau et Henri Sterdyniak, *Revue de l'OFCE*, n° 101, avril 2007.

2. Camille Landais, Thomas Piketty et Emmanuel Saez, *Pour une révolution fiscale*, Seuil, 2011.

L'économiste « de gauche », conseiller de Ségolène Royal pendant sa campagne pour l'élection présidentielle de 2007, a ancré solidement dans les esprits l'idée que les riches paieraient moins d'impôts que les pauvres. « Lui et quelques autres ont gagné la bataille de l'influence », soupire un ancien président du Conseil des prélèvements obligatoires (CPO). L'essentiel de leur message tient en quelques pages. À la page 48 du livre, les auteurs s'interrogent : « Le système fiscal français est-il progressif ou régressif ? » À la page 50 apparaît une belle représentation du « taux global d'imposition » titrée : « Un système fiscal faiblement progressif… ou franchement régressif ? » Le graphique donne la réponse : la courbe (rapport entre l'impôt payé par un individu et ses ressources) part de 40 % chez les plus modestes, à gauche, passe par 47 % au milieu et redescend ensuite continûment pour finir à 33 % chez les plus riches, à droite. Pour nos auteurs, donc, c'est démontré : le système fiscal est régressif. Autrement dit, les riches, en plus de toucher de gros salaires et de se gaver de dividendes et d'autres produits financiers, paient beaucoup moins d'impôts que les pauvres. Désormais, dans un souci de justice fiscale, toute réforme devra d'abord rendre progressif l'impôt sur le revenu. En fait, il l'est déjà !

Le graphique de Piketty ne tient pas la route. Certains paient moins d'impôts que les autres ? C'est vrai, mais ce ne sont que les 20 000 « ultra-riches ». Or le graphique est trompeur, puisqu'il accorde la même place à ces 20 000 qu'à 6 millions d'autres qui représentent 300 fois plus ! On a ainsi l'impression que le taux d'imposition augmente pour une moitié des contribuables et baisse pour l'autre. En réalité, il ne baisse qu'en bout de course pour une poignée d'individus. Cette frange ne décrit pas un système qui fonctionne pour 50 millions de Français majeurs. C'est comme prendre une photo tout contre le museau d'un chien et prétendre ensuite qu'il a la truffe plus grosse que le corps !

Piketty, d'ailleurs, ne « travaille » que sur les individus de 18 à 65 ans actifs à temps plein, soit environ 20 millions d'individus. Il manque tout simplement les 30 millions de salariés à temps partiel, de chômeurs et d'inactifs (retraités et autres, notamment les bénéficiaires des minima sociaux). C'est sûr, « éliminer » plus de la moitié de la population est commode pour la démonstration. Car notre système fiscal a un rôle de redistribution ; autrement dit, avec une partie des impôts, des contributions et des cotisations collectés sont financées diverses aides à destination des individus ou des familles, à commencer par les plus démunis. Les prestations sociales à prendre en compte[1] sont principalement les minima sociaux, dont le revenu de solidarité active (RSA), les aides au logement, les allocations familiales avec et sans conditions de ressources, l'allocation pour adulte handicapé et

1. Les prestations correspondant aux revenus de remplacement (notamment retraites et indemnités chômage) ont déjà été prises en compte dans le revenu secondaire.

l'allocation de solidarité aux personnes âgées. Ces ressources viennent s'ajouter aux rémunérations et aux autres revenus pour constituer le revenu disponible brut, et elles représentent un supplément très significatif pour les deux premiers déciles des 50 millions d'individus majeurs. Le revenu des plus modestes est de ce fait sensiblement majoré. Pour les plus pauvres, la part de ces prestations atteint 60 % du revenu.

Voilà de quoi faire chuter le ratio impôt sur revenu de ces populations. Le système fiscal français, grâce aux prélèvements et aux transferts sociaux, réduit de moitié le taux de pauvreté des ménages, et il est très bénéfique aux familles modestes avec enfants. Comment Thomas Piketty a-t-il pu l'« oublier » ? Par ailleurs, il prend bien soin de tout mélanger dans le numérateur de son ratio. Pour calculer son « taux global d'imposition », il ajoute aux prélèvements obligatoires à caractère fiscal (impôts directs + impôts indirects + CSG/CRDS) les cotisations sociales dites contributives, payées pour la retraite, la santé, le chômage. Les premiers sont bien des impôts, tandis que les secondes n'en sont pas : elles constituent un système d'assurance collective et obligatoire. Il s'agit de droits plafonnés. Ainsi, intégrer ce qui permet réellement de comparer la pression fiscale entre les plus modestes et les plus riches conduit à effectuer un premier correctif : la courbe passe alors de 29 à 34 %, puis de 24 à 40 % en corrigeant les déformations du ratio, au lieu de prétendre que l'on passe de 40 à 33 %. Enfin, avec l'intégration des prestations sociales, la courbe passe de 17 à 40 % ! Notre système d'impôt sur le revenu est donc bien progressif.

En France, comme l'écrivait Tocqueville, nous avons une « passion pour l'égalité ». Résultat : dans les enquêtes internationales sur les valeurs sociales, notre pays apparaît presque toujours au premier rang pour ce qui est de la préférence pour une plus grande égalité ou une plus forte taxation des hauts revenus. C'est d'autant plus étonnant que la France reste objectivement un pays où les inégalités sont modérées, un peu plus élevées que dans les pays nordiques, mais très basses par rapport aux autres pays développés. Pourtant, les Français sont convaincus du contraire. De ce point de vue, les laisser croire que les « riches » paient moins d'impôts sur les revenus que les pauvres est dangereux et irresponsable.

On voit donc bien que la première justification avancée par les partisans d'une fusion entre la CSG et l'impôt sur le revenu n'existe pas. D'ailleurs, à sa façon, la CSG est elle aussi progressive : les principales allocations sont exonérées de CSG. Par exemple, les 4,7 millions de bénéficiaires directs et indirects – conjoints plus enfants à charge – du revenu de solidarité active (RSA) et les 6,7 millions de bénéficiaires de la prime pour l'emploi (PPE) comptabilisés par le ministère des Affaires sociales et de la Santé le 24 janvier 2014 sont exonérés ; les retraites et les indemnités chômage ont un taux minoré. En quelque sorte, la CSG a ses niches ! Enfin, un tiers de son montant n'est pas déductible ; ce tiers est donc ajouté au revenu imposable et subit la progressivité de l'impôt sur le revenu.

Mettre tous les revenus sur un pied d'égalité et supprimer les niches de la CSG ? En 2007, l'OFCE concluait que, dans cette hypothèse, qui lui semblait équitable, « ce seraient les ménages les plus pauvres qui seraient le plus touchés : la mesure serait fortement antiredistributive[1] ». La presse a également fait état d'une étude récente de Bercy qui, curieusement, n'a pas été rendue publique ; elle a juste fuité – la méthode classique de l'administration pour faire savoir qu'elle est contre la réforme… Conclusion de cette étude : face à une majorité de gagnants, « pas moins de 9 millions de foyers en sortiraient perdants », à savoir, une fois de plus, les classes aisées (M. et Mme Riches sont déjà « gâtés » par la progressivité), les retraités et les familles avec enfants à charge des classes moyennes. Dans les deux études, donc, beaucoup de questions sur les conséquences de la pseudo-équité obtenue par la fusion de ces deux impôts. Sauf si l'on envisage d'inventer de nouvelles niches, autrement dit de complexifier le système…

Le plus important, c'est la question de la politique fiscale, bien posée en 2007 par l'économiste Gilbert Cette, alors membre du Conseil d'analyse économique : « La théorie fiscale enseigne qu'il est préférable de séparer les prélèvements visant à financer

1. Guillaume Allègre, Gérard Cornilleau et Henri Sterdyniak, *Revue de l'OFCE*, n° 101, avril 2007, p. 276.

des dépenses générales de ceux visant à faire de la redistribution, au nom de l'efficacité économique et de la pédagogie[1]. » Cette préoccupation de politique fiscale, abordée autrement, est aussi à l'origine de l'intervention du sénateur communiste Éric Bocquet lors de la séance du 23 novembre 2013 ; à propos de l'idée d'une fusion de la CSG et de l'impôt sur le revenu, il concluait : « Une telle fusion n'aurait rien d'une mesure progressiste, d'autant que, outre quelques défauts, elle s'apparente à une forme d'étatisation de la protection sociale[2]. »

Ce dernier point n'est pas virtuel ; le risque opérationnel est que la fusion des deux impôts conduise, d'une manière ou d'une autre, à la fusion ou à la fongibilité du budget de l'État et de celui de la protection sociale. Le socialiste Gérard Filoche, commentant le sujet sur son blog, explique qu'aujourd'hui « il est impossible constitutionnellement d'user de ce second budget pour faire la guerre en Afghanistan ». Pour illustrer ce point de façon prospective et volontairement alarmiste, on peut se demander ce qui se passerait si, à la suite d'un scénario à l'espagnole ou à l'italienne, l'État se trouvait obligé de choisir entre la baisse des salaires des fonctionnaires et celle des prestations sociales des salariés du secteur privé. Cochez la réponse qui vous paraît la plus probable…

---

1. Gilbert Cette, « Faut-il fusionner la CSG et l'impôt sur le revenu ? », *Regards croisés sur l'économie*, 2007, n° 1.

2. Examen du projet de loi de finances 2014.

La fusion entre la CSG et l'impôt sur le revenu soulève donc de délicats problèmes et risque d'avoir un goût amer. Le 1er juillet 2006 s'est tenu rue de Solférino un Bureau national du Parti socialiste au cours duquel Gérard Filoche a contesté le projet. Il raconte que, à la pause, Dominique Strauss-Kahn est venu lui glisser au creux de l'oreille qu'il avait bien raison, qu'il avait les pieds sur terre et que lui, DSK, ne comprenait pas pourquoi tout le monde à la direction du PS reprenait cette idée : « Cela ne se fera jamais, ils sont fous, c'est trop énorme ! » Telle était la position de l'ex-ministre de l'Économie et des Finances.

À la source

Plus technique que politique, et sans doute moins compliquée à mettre en œuvre, la retenue de l'impôt sur le revenu à la source, c'est-à-dire son prélèvement sur la fiche de paie, est « une idée qui demande à être étudiée », a reconnu Jean-Marc Ayrault le 4 décembre 2013 sur RTL. Cette réforme s'apparente pourtant à un serpent de mer fiscal depuis des décennies. « La retenue à la source, retour sur un débat ancien », résumaient ainsi les auteurs d'un épais rapport du Conseil des prélèvements obligatoires paru en février 2012. En France, les premières traces du questionnement sur le sujet remontent aux années 1930. Dans un contexte de montée en puissance de l'impôt sur le revenu (introduit en deux étapes pendant la Première Guerre mondiale), les réflexions se multiplient autour des nouvelles techniques et procédures permettant de fiabiliser le recouvrement de l'impôt. L'enjeu est ainsi résumé par un percepteur : « On sait bien que le Français ne paiera jamais l'impôt spontanément. Il faut donc l'y amener par des moyens pour ainsi dire automatiques[1]. » Le déclenchement du second conflit mondial entraînant d'importants besoins financiers, la retenue à la source est instaurée par le décret du 10 novembre 1939 sous le nom de « stoppage à la source » et prend effet le 1er janvier 1940. Il s'agit d'un impôt proportionnel assis sur l'ensemble des rémunérations ; un barème simplifié est appliqué pour tenir compte des frais professionnels et des charges de famille. Les acomptes prélevés par les employeurs sont reversés à l'administration fiscale dans les quinze jours suivant la paie. Le stoppage à la source est supprimé en 1948 pour les besoins de la lutte contre l'inflation et remplacé par une taxe sur les salaires de 5 % à la charge des entreprises, surnommée « versement forfaitaire ». Celle-ci est à son tour abrogée par la loi du 28 décembre 1958 créant l'impôt sur le revenu unifié et progressif sous sa forme actuelle. Dès 1960, pourtant, le projet de la retenue à la source réapparaît, le nombre de contribuables assujettis (5,7 millions en 1960) ayant doublé en dix ans. En 1979, l'impôt sur le revenu est payé par 63,3 % des ménages. À la fin de l'année 1967, une

1. Cité *in* Nicolas Delalande et Alexis Spire, *Histoire sociale de l'impôt*, La Découverte, 2010, p. 52.

commission d'étude présidée par Jacques Chirac, alors secrétaire d'État à l'Économie et aux Finances, réexamine le projet. Ce dernier est finalement abandonné à la suite des événements de Mai 68 et de l'hostilité (déjà !) des syndicats. « Il ne sera pas proposé d'assujettir les salariés au régime de la retenue à la source », acte le point 11 – « Fiscalité » – des accords de Grenelle du 28 mai 1968. Ressortie des cartons en 1973 par le ministre des Finances Valéry Giscard d'Estaing, l'idée est à nouveau écartée en 1974. Elle ressurgira au début des années 2000 au détour de plusieurs rapports[1], mais il n'y sera donné aucune suite.

C'est le 18 décembre 2006, dans une interview accordée aux *Échos*, que Thierry Breton, alors ministre de l'Économie et des Finances, remet le sujet à l'ordre du jour, peu après que Maurice Lévy et Jean-Pierre Jouyet s'y sont déclarés favorables dans leur rapport « L'économie de l'immatériel : la croissance de demain ». Soutenu par l'Élysée, le ministre est bien décidé à instaurer la retenue de l'impôt sur le revenu à la source dès le 1er janvier 2009. « Je ne vois aucune raison de priver la France de cette réforme qu'ont mise en œuvre la quasi-totalité des pays de l'OCDE », explique Thierry Breton, donnant ainsi le coup d'envoi d'une grande concertation à ce propos, tandis qu'au même moment un rapport parlementaire approfondit

1. Rapport Lépine de 1999, rapport « Mission 2003 » de l'IGF en 2000, enfin rapport du ministère de l'Économie et des Finances en 2002.

la question dans la perspective plus large d'une fusion de la CSG et de l'impôt sur le revenu. « Il n'y aura plus qu'à appuyer sur le bouton lors du projet de loi de finances 2008 », se félicite alors Thierry Breton. Fatalité ? Au printemps 2007, pour des raisons électorales, Jacques Chirac renonce finalement à sa mise en œuvre. Cinq ans plus tard, c'est donc au tour de Jean-Marc Ayrault de remettre le projet sur la table, mais dans le cadre d'une remise à plat de la fiscalité. Si l'on en croit les sondages, à défaut d'être révolutionnaire, l'idée a au moins le mérite de plaire aux Français. Le principal avantage de cette réforme pour les contribuables, c'est que, avec la suppression de l'année de décalage, le montant de l'impôt serait directement en ligne avec les revenus réels de l'année. Or 26 millions de foyers fiscaux changent chaque année de situation, estimait en 2007 le député Didier Migaud, actuel président de la Cour des comptes. Et les effets de ce décalage sont particulièrement dévastateurs en cas de chute brutale de revenu à cause du chômage, d'un divorce ou d'un départ à la retraite. L'État aussi devrait y trouver son compte, la retenue à la source permettant de récupérer les impôts plus vite lorsque la conjoncture s'améliore.

En revanche, cette retenue à la source présente aussi plusieurs inconvénients. D'abord, côté simplification, compte tenu de la difficulté de calculer l'impôt en temps réel, elle ne supprimerait pas le pensum annuel de la déclaration d'impôt, même si, dans neuf cas sur dix, cette dernière est déjà majoritairement pré-remplie.

Se pose ensuite le problème du secret fiscal et de la confidentialité des données personnelles. « La crainte que l'employeur, par la connaissance du taux d'imposition des salariés, puisse orienter la politique salariale, voire sa politique de l'emploi, ne doit pas être sous-estimée, notamment dans les petites entreprises », s'inquiète ainsi le Conseil des prélèvements obligatoires. Cette crainte est largement partagée par les syndicats, qui, pour une fois unanimes, y voient même une violation de la vie privée. *Quid* enfin du quotient familial, qui aujourd'hui dépend du revenu des ménages ? Sans parler de la charge et du coût de gestion que créerait le changement de système pour les entreprises, estimé par le CPO entre 600 millions et 1,6 milliard d'euros.

Dernier obstacle, et non des moindres : comment gérer l'année de transition, puisque ce système fait coïncider les années d'imposition et de perception des revenus ? L'idéal pour les contribuables serait que l'État s'inspire de l'exemple islandais. En 1988, lors de l'entrée en vigueur de la retenue à la source dans le pays, le gouvernement islandais a renoncé à percevoir une année d'impôt, ce qui a généré 4 % de croissance supplémentaire ! Vu la situation actuelle des finances publiques françaises, on imagine mal l'État, avec ses 70,6 milliards d'euros de déficit budgétaire prévus en 2014, se priver d'une année de recettes fiscales… En revanche, il pourrait proposer un système de double imposition, lissée dans le temps, comme l'ont fait un certain nombre d'autres pays confrontés à cette transition.

Dans le même rapport, le Conseil des prélèvements obligatoires se penche sur les différentes modalités d'adoption de la retenue à la source. Ainsi, lorsqu'en 1942 le président américain Franklin D. Roosevelt a décidé de mettre en œuvre cette technique aux États-Unis, il s'est trouvé face à un choix compliqué. Hors de question pour lui d'annuler l'impôt et d'en faire un « cadeau aux riches » en pleine période d'effort de guerre. Impossible aussi pour les républicains d'accepter une double imposition. Le gouvernement a finalement tranché en faveur d'une double imposition version *light*, avec exonération des trois quarts de la somme due pour la plus faible des deux années d'imposition, le solde (soit 25 %) pouvant être acquitté en deux fois au cours d'une période d'un an. Ce même système fut adopté en 1944 au Royaume-Uni : le gouvernement britannique aménagea les deux exercices d'impôt sur une période de dix-huit mois.

Le scénario le plus souvent envisagé est celui de l'année blanche. Contrairement à ce qu'indique son nom, il ne s'agit pas d'une année sans impôt pour les contribuables. Ces derniers basculeraient directement dans le système de retenue à la source en acquittant leurs impôts sur la base des revenus perçus dans l'année, sans prise en compte des revenus de l'année précédente. Les contribuables ayant été augmentés entre-temps y perdront, les autres y gagneront, les écarts pouvant être lissés dans le temps par le fisc. Le principal problème posé par ce scénario serait de tenir compte des niches fiscales utilisées par le contribuable l'année précédente. Casse-tête garanti !

L'impossible réforme fiscale

Exit donc le grand soir fiscal. Pour l'instant du moins : dans une interview accordée au *Monde* le 24 janvier 2014, le Premier ministre estime que la décision de supprimer le prélèvement des cotisations sociales qui pèsent aujourd'hui sur les entreprises peut être comprise comme une première étape de cette réforme. Par la suite, la tenue des Assises de la fiscalité des entreprises, puis, dans la foulée, la remise à plat de celle des ménages pourraient servir de base de travail pour la grande réforme à venir. Qu'ils soient fiscalistes ou spécialistes des finances publiques, tous les experts s'accordent sur la nécessité d'une telle réforme et son adéquation au monde d'aujourd'hui. « La fiscalité actuelle a été instituée de la fin du XVIIIe siècle à la seconde moitié du XXe, dans des contextes qui ne correspondent plus à celui des sociétés contemporaines », expliquait ainsi Michel Bouvier, président de Fondafip (Association pour la fondation internationale de finances publiques), le 15 novembre 2013, lors d'un séminaire sur la fiscalité au Sénat. « Cette fiscalité ne peut donc plus être appréhendée et bâtie à travers des grilles de pensée dans lesquelles se mêlent des théories ou des idéologies souvent contradictoires. Par ailleurs, la majeure partie des prélèvements obligatoires ont été inventés pour un État relativement fermé. Il faudrait d'ores et déjà en reconsidérer le bien-fondé et la pertinence dans un monde ouvert. De fait, il est urgent d'inventer une fiscalité pour le XXIe siècle et de donner un nouveau sens à l'impôt. »

Ce constat est partagé par Robert Baconnier. Ancien directeur général des Impôts et ex-président de l'Association nationale des sociétés par actions (ANSA), il estime que, *a minima*, « il faudrait faire évoluer et modifier la fiscalité [...] tous les vingt-cinq ans[1] ». Surtout, renchérit Michel Bouvier, « une réforme fiscale ne peut se résumer à des ajustements techniques de circonstance visant à équilibrer les comptes de la nation ou à résorber la dette ». Pour ce spécialiste des finances publiques, la réforme doit en priorité être comprise par les citoyens, et donc reposer sur une conception claire des fonctions de l'impôt. « Ces fonctions, précise-t-il, doivent relever d'un schéma global cohérent et proposant une vision à long terme. C'est une démarche indispensable aujourd'hui, parce qu'elle constitue la condition d'un nouveau consentement à l'impôt dont dépend l'adhésion aux efforts qui sont demandés aux contribuables. » Un choix par nature politique et démocratique tant sur le fond que sur la forme.

Le problème est que, dans l'immédiat, « compte tenu des faibles marges de manœuvre du gouvernement, aujourd'hui polarisé par la réduction des

1. Entretien avec l'un des auteurs, 14 novembre 2013.

déficits budgétaires, il semble plus que jamais urgent d'attendre », estime Patrick de Fréminet, ex-numéro deux du Service de la législation fiscale (SLF) et ex-directeur de la direction fiscale de BNP-Paribas. Pour cet expert, en effet, plusieurs conditions sont nécessaires pour réussir cette réforme : « D'abord, la capacité du gouvernement à mettre de l'argent sur la table, de sorte qu'à l'arrivée il y ait plus de gagnants que de perdants. Ensuite, l'existence du consensus politique le plus large possible, ainsi que l'adhésion et donc l'appui d'une administration fiscale connue pour sa capacité à bloquer les réformes dont elle ne veut pas[1]. » Ces conditions n'étant pas réunies pour le moment, on aura compris que le grand soir fiscal devra encore attendre un certain nombre d'années…

1. Entretien avec l'un des auteurs, 16 janvier 2014.

14

La bonne étoile

Ces pays qui s'en sont sortis

« Point de banqueroute, point d'augmentation d'impôts, point d'emprunts [...]. Pour remplir ces trois points, il n'y a qu'un moyen, c'est de réduire la dépense au-dessous de la recette. » Voilà ce que conseille à Louis XVI Anne Robert Turgot, qui vient d'être nommé contrôleur général des Finances, dans sa célèbre lettre du 24 août 1774. Turgot cherche à expliquer au roi que, pour redresser les finances du pays, il n'y a d'autre solution que de s'opposer fermement à tous ceux qui l'inciteront à la dépense.

L'histoire mondiale récente donne raison à Turgot. Jamais aucun pays n'a réussi à redresser ses comptes publics en augmentant exclusivement les prélèvements obligatoires, du Royaume-Uni de l'ère Thatcher au Canada et aux pays nordiques dans les années 1990, en passant par l'Allemagne et les Pays-Bas au début des années 2000 ou encore par l'Italie, l'Espagne et, sous la férule de la troïka (FMI, BCE, UE), l'Irlande, la Grèce et le Portugal pendant la crise de leurs dettes souveraines de 2009. « Dans les huit pays d'Europe, la réduction du déficit public a été au cœur des priorités. Tous les gouvernements ont utilisé à la fois les leviers d'augmentation des recettes et de diminution des coûts », expliquait le 27 juin 2011 Karim Tadjeddine, directeur associé de McKinsey, lors d'un séminaire sur « L'ajustement des comptes publics en Europe et en France » organisé à l'Assemblée nationale par le *think tank* « En temps réel ». Dans tous ces pays, la réduction des déficits, étalée sur une période de trois à six ans, représente un effort compris entre 3 et 60 milliards d'euros par an selon l'importance des déficits. Parce qu'ils se trouvent dans la zone euro – à l'exception du Royaume-Uni et de la Suède –, aucun de ces pays n'a pu utiliser le levier de la dévaluation monétaire pour créer un choc de compétitivité. Surtout, hormis les trois pays placés sous la tutelle de la troïka – qui, en pleine crise, a brutalement imposé des plans de redressement aux parlementaires et aux gouvernements –, « les autres pays ont tous conservé, malgré les contraintes extérieures, leurs marges de manœuvre pour réduire leurs déficits en fonction des priorités de leurs gouvernements », constatait le spécialiste de McKinsey.

Aucun de ces pays n'a eu recours à un modèle type ; tous ont panaché, dans des proportions diverses, de multiples objectifs et mesures. Ainsi, en 2010, les Pays-Bas ont décidé de diminuer leur déficit budgétaire de 4 points de PIB, soit 18 milliards d'euros sur cinq ans. Sur ces 18 milliards, 92 % seront obtenus par la réduction des dépenses et 8 % par l'augmentation des recettes. Dans son plan d'ajustement lancé en mai 2010, l'Italie, qui s'est engagée à réduire son déficit de 2,7 points de PIB sur trois ans, soit au total 62 milliards d'euros, a choisi d'accroître ses recettes de 32 % et de baisser ses dépenses de 68 %, ce qui représente un effort de 40 milliards d'euros. Tous les niveaux d'ajustement sont donc possibles.

Il en va de même pour les mesures destinées à augmenter les recettes. Le Royaume-Uni a majoré la TVA de 2,7 points à 20 %, ce qui devrait lui rapporter 15,5 milliards d'euros par an, soit la moitié des efforts nécessaires pour réussir à réduire de 180 milliards d'euros son déficit sur six ans. L'Italie a systématisé les contrôles fiscaux pour les revenus supposés supérieurs de 25 % à ce qui a été déclaré ; recette attendue : 22 milliards d'euros par an. L'Allemagne a diminué les exonérations sur la taxe écologique et instauré une nouvelle taxe sur le nucléaire ; impact escompté : 3,7 milliards d'euros par an. On retrouve une semblable variété dans les mesures pour restreindre les dépenses : l'Espagne a gelé les retraites et l'aide au développement, l'Allemagne a réduit les effectifs militaires, l'Italie a notamment baissé de 10 % les ressources des ministères, réduit les effectifs dans l'enseignement et vendu des fréquences radio, tandis que les Pays-Bas ont fusionné en plus grosses entités les provinces et les organismes chargés de la gestion des ressources en eau. Le choc a été bien plus rude lors du traitement à chaud de la crise des pays sous tutelle de la troïka : ainsi, l'Irlande a supprimé 25 000 postes de fonctionnaires et baissé de 13,5 % en moyenne les rémunérations du secteur public. Autant de réformes dont on pourra mesurer l'efficacité dans quelques années, mais qui, en attendant, pourraient alimenter la réflexion du gouvernement Ayrault, lequel s'est engagé à réduire les dépenses publiques de 50 milliards d'euros *a minima* d'ici à 2017.

Deux pays sont souvent cités en exemples pour l'efficacité de la réduction de leur déficit : le Canada, au niveau du budget fédéral, et la Suède. En 1992, la dépense publique canadienne représente 53 % du PIB, et le déficit budgétaire 9,2 % du PIB. En 1995, la dette canadienne atteint même 100 % du PIB. En 1993, le libéral Paul Martin intègre le gouvernement du Premier ministre Jean Chrétien. Cet ex-avocat et homme d'affaires se lance dans un programme de réformes ambitieux. Il augmente les recettes grâce à des hausses d'impôt. Pour restreindre les dépenses, il s'attaque aux prestations sociales, durcissant les critères d'admissibilité dans le cadre du programme d'assurance-emploi. Les salaires de la fonction publique sont gelés, et ses effectifs sont réduits de 15 % du fait des départs à la retraite et des licenciements, accompagnés de fortes indemnités de départ. Paul Martin transfère également une partie des dépenses aux provinces, ainsi qu'un certain nombre de pouvoirs dans des secteurs comme le tourisme, la formation, les mines, mais sans le financement correspondant. Résultat : les dépenses du budget fédéral baissent de 5 points de PIB, passant de 16,2 % en 1993 à 11,5 % du PIB en 1997 – première année d'excédent budgétaire depuis trente-six ans ! La charge de la dette, qui représentait 5 % du PIB, tombe à 1,9 % dès 2003[1]. Jusqu'à la crise de 2008, les finances publiques canadiennes étaient excédentaires. Malgré ces coupes budgétaires, le taux de croissance de l'économie canadienne est resté de 3 % par an jusqu'en 2007. À cause de la crise, le budget fédéral est légèrement retombé dans le rouge, avec un peu moins de 2 % de déficit en 2012. Mais le retour à l'équilibre est prévu au plus tard en 2015…

La révolution suédoise

La Suède aussi a prouvé qu'il est possible de s'adapter à une économie mondialisée tout en préservant l'État-providence, c'est-à-dire « le moyen d'assurer une grande sécurité pour les individus par des politiques sociales importantes et dirigistes, tout en donnant toute la flexibilité nécessaire aux entreprises et à l'économie[2] », pour reprendre les termes de Stéphane Paquin. « J'estime qu'il est possible de faire des économies, nombreuses, tout en préservant notre

---

1. Marc-André Pigeon, « Le redressement budgétaire fédéral », Bibliothèque du Parlement canadien, 2005.

2. Stéphane Paquin, « Jusqu'ici, tout va bien ? Les modèles québécois et scandinaves face à la concurrence mondiale », université de Sherbrooke (Canada), 2009.

modèle social, a déclaré le président François Hollande lors de sa conférence de presse du 14 janvier 2014. D'autres pays l'ont fait, et des pays qui avaient cette tradition sociale. Je pense aux pays d'Europe du Nord, notamment », soulignant qu'ils « en sont sortis plus dynamiques et plus solidaires ». Pensait-il alors à la Suède ? La situation de ce pays il y a vingt-cinq ans ressemble en effet étrangement à celle de la France aujourd'hui.

Au début des années 1990, l'État suédois connaît les mêmes problèmes que bien d'autres pays d'Europe du Nord, exception faite de la Norvège, qui nage dans le pétrole. En Suède, les grands fleurons industriels comme Volvo, Saab, Stora sont tous passés sous contrôle étranger. Les PME souffrent. Le chômage s'accroît brutalement, passant de 2 à 10 %. L'efficacité du système scolaire et la santé se dégradent, le travail au noir se développe, les inégalités se creusent, la fuite des cerveaux s'accélère. La Suède est un pays doté d'un État puissant et fortement centralisé, dans lequel le nombre de fonctionnaires a triplé en trente ans. Un pays qui détient alors un double record parmi les pays développés : un déficit des finances publiques à l'origine d'une dette publique proche de 85 % du PIB, et le plus haut niveau de prélèvements obligatoires avec plus de 53 % du PIB. Si le taux maximal de l'impôt sur le revenu s'élève à 85 %, son rendement est cependant plutôt faible à cause de la multitude de niches qui permettent de le réduire. L'impôt sur les sociétés, à 58 %, est le plus élevé d'Europe. Le taux moyen des taxes sur les revenus du capital est de 54 %, tandis que l'impôt sur la fortune, qui touche tous les patrimoines de plus de 215 000 euros, ne rapporte que 2,5 milliards d'euros par an. Enfin, donations et successions sont elles aussi lourdement taxées. À cause d'une croissance en berne et d'une balance commerciale fortement déficitaire, la Suède est entrée dans une spirale négative, raconte Stéphane Boujnah[1]. Comme en France, cette situation entraîne une délocalisation massive des entreprises dans d'autres pays européens et l'exil fiscal de nombreux contribuables, dont le plus célèbre est le metteur en scène Ingmar Bergman. À l'époque, ce départ émeut autant les Suédois que les Français lorsqu'ils ont appris l'exil de Gérard Depardieu à l'automne 2012. Pis : en 1991, la Suède passe à deux doigts de la faillite après l'effondrement de ses banques, que l'État doit sauver en urgence à la suite de l'éclatement d'une bulle immobilière qui ressemble comme deux gouttes d'eau à celle des *subprimes* en 2007. Cela vaudra au royaume suédois la perte de sa note AAA en 1993.

Vingt ans plus tard, le même royaume caracole en tête des pays les plus performants malgré la crise, qu'il a su absorber sans difficulté pour rebondir de plus belle

1. Ex-conseiller économique de Dominique Strauss-Kahn à Bercy, Stéphane Boujnah, aujourd'hui patron de Santander France et Benelux, est l'auteur de « L'inoxydable modèle suédois », En temps réel, « Les cahiers », 2002, un essai qui lui a valu d'être décoré de l'ordre royal de l'Étoile polaire par le gouvernement suédois.

en 2010. Les réformes ont été faites sans dégradation majeure de la qualité du service public. Et les Suédois, même après cette transformation, sont demeurés l'un des pays les moins inégalitaires du monde : en 2010, l'indicateur Gini, qui mesure le degré d'équité dans la distribution des revenus après impôts, place la Suède en deuxième position sur le plan mondial. Tout en préservant une distribution équitable des revenus et en maintenant un niveau d'investissement public conséquent, en particulier dans l'éducation et la santé, la Suède a retrouvé ces dernières années des taux de croissance de 3 % en moyenne, son budget est excédentaire de 7,7 milliards d'euros en 2011, la dette a été divisée par deux, passant de 73 % du PIB en 1996 à 36,6 % en 2011, les comptes des collectivités locales sont désormais à l'équilibre, tout comme ceux des régimes de retraite et de santé, enfin sa balance commerciale est redevenue nettement excédentaire[1]. À noter que, bien que faisant partie de l'Union européenne, la Suède se refuse toujours à intégrer la zone euro au motif que les critères imposés par Bruxelles en matière d'équilibre budgétaire lui semblent bien trop laxistes par rapport à ses propres règles d'or nationales…

Cinq années d'efforts ont cependant été nécessaires pour recréer les conditions d'une spirale vertueuse.

---

1. Source : séminaire sur le modèle nordique face aux crises, organisé par le Trésor en avril 2012, http://www.tresor.economie.gouv.fr/5336_seminaire-sur-le-modele-nordique-face-aux-crises.

Compte tenu du niveau déjà exorbitant des prélèvements obligatoires dans le pays, le pouvoir social-démocrate n'avait guère de marge de manœuvre pour accroître les recettes fiscales. Ministre des Finances dans le gouvernement d'Ingvar Carlsson en 1994, Göran Persson a néanmoins commencé par augmenter légèrement les impôts sur les ménages, mais en baissant simultanément l'impôt sur les bénéfices des sociétés, passé à 28 %, l'un des plus faibles d'Europe. Dans le même temps, il a engagé des efforts de désendettement et fait sien le slogan : « Ceux qui sont endettés ne sont pas libres. » Puis il a décidé de s'attaquer au rétablissement des comptes publics en réduisant les dépenses et en lançant une série de vastes réformes. L'administration a été complètement repensée autour de 13 ministères et 300 agences. De nombreuses missions de l'État ont été transférées vers ces agences spécialisées, soumises à des obligations de résultat et au respect de l'équilibre budgétaire. Le capital de ces agences est soit public, soit mixte, tout comme celui de la poste ou des télécoms. Un certain nombre de fonctions ont été privatisées. Les ministères ont été vidés de leurs effectifs, et le nombre de fonctionnaires réduit de moitié. Ainsi, le ministère des Finances n'emploie plus qu'environ 500 fonctionnaires, l'Éducation un peu moins de 200, tous les autres collaborateurs étant des contractuels de droit privé. Seuls les fonctionnaires effectuant des missions régaliennes comme la police ou la justice ont gardé leur statut. Entamé dans les années 1950, le regroupement des communes a été accéléré, et le mille-feuille administratif réduit à deux échelons : désormais, la Suède ne compte plus que 289 communes réparties dans 21 régions, ce qui facilitera le retour à l'équilibre des comptes des collectivités locales. Conservateur sans être ultra-libéral, le gouvernement a privatisé l'hôtellerie dans les hôpitaux et revu le système de retraite, qui est resté public malgré l'introduction d'une dose de capitalisation et l'ajustement des niveaux de pension aux performances économiques du pays. Il a aussi progressivement déréglementé tous les transports en commun : trafic aérien, postes, télécoms, électricité, fret ferroviaire. Il a même réussi à libéraliser le marché des taxis[1] !

Mais, dans le même temps, l'État suédois a beaucoup investi dans l'avenir : les crédits de recherche et développement ont représenté plus de 4 % du PIB, alors qu'à l'époque la moyenne de l'Union européenne était de 2,5 %. Le développement d'écoles privées aux côtés de l'enseignement public a été favorisé, permettant aux parents de choisir entre les deux filières. Le nombre de places à l'université est passé de 200 000 à 300 000, et la création de petites cliniques privées a été autorisée. Dernier volet : le redressement de la balance commerciale, qui va s'appuyer sur la dévaluation de la couronne. En 1992, la couronne suédoise, qui avait un change fixe par rapport au mark allemand, a décroché. Elle a perdu 20 % de sa valeur par rapport

---

1. *Ibid.*

à l'écu, ancêtre comptable de l'euro, faisant augmenter les exportations de 12 %. Revers de la médaille : le coût des importations s'est accru, au point que l'inflation est passée de 2 à 4 % et menaçait de devenir un problème si elle n'était pas contrôlée. La Banque de Suède a donc mis en œuvre une politique monétaire restrictive d'appréciation du taux de change de la couronne afin d'améliorer les termes de l'échange.

Moins de dépenses publiques, plus de croissance, des excédents budgétaires destinés à réduire la dette : la Suède a alors pu s'offrir le luxe de diminuer la charge globale des prélèvements fiscaux et leur progressivité. Le taux marginal d'impôt sur les ménages, qui avait culminé à 85 % dans les années 1980, a été abaissé aux environ de 55 %. La taxe sur les transactions financières a été supprimée au début des années 1990. L'impôt sur l'héritage et sur les donations a été aboli en 2005, et l'impôt sur la fortune en 2006. Passé à 28 %, le taux d'imposition sur les bénéfices est tombé à 22 % en 2012. Dans cet État-providence où il n'existe pourtant pas de salaire minimum légal, où les horaires d'ouverture des magasins ne sont pas réglementés, où peu de jours de travail sont perdus en grève, les charges patronales et salariales représentent respectivement 31 et 7 % du salaire brut, contre 40 et 20 % en France…

Un modèle pour réformer la France ?

Serait-il possible d'appliquer les recettes suédoises à la France ou à d'autres pays européens ? Pour Lars Calmfors, professeur d'économie internationale à l'université de Stockholm, quatre leçons essentielles doivent être tirées de l'expérience suédoise. Tout d'abord, une grave crise budgétaire peut être l'occasion de créer un vaste consensus politique national en faveur de l'instauration d'une stricte discipline budgétaire. Qu'ils soient de droite ou de gauche, tous les partis se sont mis autour de la table pour s'attaquer à la réduction du secteur public, avec comme objectif prioritaire le taux de retour à l'emploi le plus élevé possible. Tout aussi pertinente est la volonté de rendre la réforme fiscale et budgétaire compréhensible par tous les Suédois. Pour ce faire, plusieurs axes ont été privilégiés. Un processus *top down* a été mis en place, avec une allocation budgétaire précise pour tous les ministères. Aucune dépense ne pouvait être augmentée sans qu'une autre soit réduite de façon équivalente. Le plafonnement du montant des dépenses de l'État a été fixé sur une période de trois ans, avec pour objectif un excédent budgétaire de 1 % sur la durée du cycle. Autre enseignement de l'expérience suédoise, et non des moindres : la nécessité d'une très grande transparence budgétaire et la qualité des informations fournies par le gouvernement. Le respect de cette règle permet en effet d'élever le niveau du débat politique.

Enfin, reste la dernière condition, à savoir la possibilité de dévaluer sa monnaie. Les pays de la zone euro ne peuvent pas en bénéficier, ce qui va naturellement rendre plus long et plus difficile le retour à l'équilibre de leurs budgets.

Pour autant, Stéphane Boujnah estime que toutes les recettes suédoises ne sont pas transposables à la France[1]. Ainsi, malgré une superficie équivalente, la Suède ne compte que 9 millions d'habitants, soit un peu moins que la région Île-de-France, contre 65 millions d'habitants en France. Surtout, en Suède, 80 % des salariés sont syndiqués dans l'unique centrale, LO, qui, comme le peuple suédois, a toujours baigné dans une culture du consensus. En France, les syndicats, divisés par une surenchère permanente, ne représentent à eux tous que 8 % des salariés. Autre différence majeure : la puissance de l'esprit civique et du pragmatisme suédois, qui favorise le succès de réformes difficiles.

Reste que réussir une réforme à la suédoise serait possible, à quatre conditions. La première, c'est la présence d'un leader incontesté à la tête de l'État, comme le furent Paul Martin au Canada ou Gerhard Schröder en Allemagne. Un leader dont la main ne tremble pas lorsqu'il faut trancher dans le vif et qui n'a pas peur de perdre les élections si c'est le prix à payer pour redresser le pays. Deuxième condition : l'existence d'un socle politique fort, avec une majorité qui

1. Entretien avec l'un des auteurs, 8 janvier 2014.

soutient les réformes, si difficiles soient-elles. Troisième condition : avoir le courage de casser le moule, de faire table rase du passé, comme ce fut fait dans notre pays en 1871, en 1944 et en 1958. Partir d'une feuille blanche pour établir un budget, travailler sur la réorganisation de l'État en supprimant tout ce qui n'est pas prioritaire, redessiner la carte territoriale des communes et des régions, réserver le statut de fonctionnaires aux seuls agents assurant les missions régaliennes de l'État… Enfin, et c'est la clé de la réussite : être soutenu par des syndicats pragmatiques rodés au consensus. Rien n'aurait été possible en Suède sans l'implication impressionnante du syndicat LO. Paradoxalement, c'est lui qui a imposé au gouvernement la règle de l'excédent budgétaire de 2 %, en partant du principe que le financement du déficit par les hausses d'impôt et l'emprunt appauvrissait les plus pauvres pour assurer des rendements aux plus riches.

15

La quadrature du cercle

Tant d'impôts et toujours autant de dette !

François Hollande lui-même l'a souligné : les marges des entreprises françaises sont au plus bas, à un niveau sensiblement plus faible que durant le premier choc pétrolier. En fait, note Laurent Berrebi, économiste et fondateur de Global Macro Finance, « l'industrie française est en train de disparaître et pourrait entraîner dans sa chute une bonne partie de l'économie française[1] ». Il constate que le coût salarial par unité de production est de 10 % plus élevé qu'en Allemagne et en Italie, et de 20 % plus élevé qu'en Espagne. Les ménages ? Ils ne sont pas mieux lotis. Leur pouvoir d'achat est entamé par la pression fiscale. Il n'augmente plus guère, pour ceux qui ont la chance d'avoir un patrimoine financier, en raison de la baisse des taux d'intérêt. Surtout, les ménages doivent supporter le coût exorbitant de l'immobilier. De toute

1. Entretien avec l'un des auteurs, 5 décembre 2013.

l'Europe continentale, c'est en France qu'il est le plus élevé : il représentait 15,8 % du revenu disponible brut des ménages français en 2012, contre 14,5 % de celui des ménages allemands, 13,8 % de celui des ménages italiens et 13 % de celui des ménages espagnols[1]. C'est en France aussi que le prix de l'immobilier est le plus élevé par rapport au revenu médian des ménages, auxquels il est donc le moins accessible. Si l'on considère cette dépense comme incompressible, les ménages français sont les plus « contraints » d'Europe. Finalement, après prise en compte de toutes ces dépenses incompressibles, le revenu disponible diminue. « Seules les prestations sociales assurent un socle constant de 1 % de hausse du revenu disponible », précise Laurent Berrebi. Des prestations sociales financées par l'impôt…

Moins de pouvoir d'achat, moins de consommation et des dépenses d'investissement au point mort. Rien d'étonnant à ce que l'Insee prévoie une croissance molle dans les dix ans à venir ! Celle-ci serait au mieux de 1,5 % par an, ce qui paraît bien optimiste, tout comme les prévisions dont se sert le gouvernement – une croissance de 2,0 %[2] par an de 2015 à 2017. Ce n'est donc pas la peine de compter sur cette croissance pour rembourser notre dette, sur laquelle les taux d'intérêt commencent à augmenter. Dans un en-

1. Estimations Global Macro Finance.

2. République française, programme de stabilité 2013-2017, arrêté en avril 2013.

vironnement aussi porteur, la situation budgétaire, déjà inquiétante, va devenir une préoccupation majeure à moyen terme. « Le maintien de la solvabilité de l'État français, conclut Laurent Berrebi, demande des efforts budgétaires de l'ordre de 3 points de PIB dans l'hypothèse de 1 % de croissance et d'inflation à moyen terme, ce qui paraît déjà très élevé. Cela veut dire que, en plus des 15 milliards d'euros d'économies dans la dépense publique annoncés le 25 septembre 2013 lors de la présentation du budget 2014, il faudra faire des économies de l'ordre de 60 milliards d'euros. » François Hollande en est d'ailleurs arrivé aux mêmes conclusions, puisqu'il a déclaré le 14 janvier 2014 qu'il fallait réduire les dépenses de 50 milliards d'euros en plus des 15 milliards, toujours à faire.

Plusieurs solutions ont déjà été envisagées pour diminuer la dette. La première serait le grand retour de l'inflation. En théorie, c'est vrai. Si l'économie s'emballe (quitte à ce que cela soit artificiel du fait de cette inflation), le poids de la dette est proportionnellement réduit. Les recettes publiques augmentent, tandis que les remboursements restent fixes : la dette pèse moins dans le budget de l'État, le désendettement est facilité. Une inflation de 5 % signifie que le poids de la dette diminue de 5 % chaque année. De plus, entreprises et particuliers peuvent souscrire à des emprunts à des taux réels moins lourds. On se demande donc bien pourquoi personne n'a choisi cette solution. Peut-être parce que ses inconvénients majeurs sont bien connus. Ils vont de la baisse du pouvoir d'achat – les revenus ne s'ajustant pas parfaitement pour tout le monde – au fait qu'il ne s'agit que d'une solution transitoire – les investisseurs exigeant par la suite des taux d'intérêt bien supérieurs pour compenser le risque d'inflation –, en passant par une perte de valeur de l'euro et le plumage des retraités et épargnants qui vivent de leurs « rentes ». Voilà pour la théorie.

En pratique, cela ne peut pas marcher non plus dans la situation actuelle. « La zone euro est au seuil d'une période prolongée de basse inflation », a reconnu Mario Draghi, président de la BCE, début octobre 2013. La baisse des salaires et des dépenses budgétaires dans les pays ayant procédé à de sévères ajustements justifie largement cette intuition. L'inflation était, fin décembre 2013 et en rythme annuel, de – 0,2 %, soit – 1,9 % en Grèce et 0,3 % en Espagne et au Portugal. En France, la hausse des prix en glissement annuel a été de 0,7 % en novembre, après avoir atteint en octobre son niveau le plus bas depuis novembre 2009 à 0,6 %. En Allemagne, l'inflation était de 1,3 % à la même date, alors que le faible taux de chômage devrait exercer une pression plus forte. Ajoutons à cela le chômage massif qui sévit en Europe (12,1 % de la population), et l'on comprend que les pressions à la baisse des prix soient exacerbées. C'est la déflation qui nous guette, ce qui, avouons-le, rend un peu compliquée toute relance de… l'inflation.

Une autre solution consisterait, comme en 1797, à organiser la banqueroute de la France. C'est ce que propose notamment Gaspard Koenig, autrefois la plume de Christine Lagarde au ministère des Finances et aujourd'hui à la tête de Génération libre, un *think tank* libéral basé à Londres. Michel Rocard est sur la même longueur d'onde. L'idée serait que la France cesse de payer les intérêts de sa dette pendant quelques années (le montant était de 45 milliards d'euros en 2013). Avec l'argent économisé, elle ferait de vraies réformes structurelles. La perspective est séduisante, d'autant que les Français ont tendance à considérer que cette dette, contractée par l'État, n'est pas la leur. Dès lors, pourquoi ne pas en effacer une partie ? Les inconvénients de cette solution sont nombreux. Notre dette est détenue à 67 % par des investisseurs institutionnels, qui prendraient assez mal la chose – les marchés ont de la mémoire ! De plus, on imagine mal comment François Hollande pourrait présenter l'opération à Angela Merkel. Enfin, toutes les sicav et tous les contrats d'assurance-vie bourrés de titres d'État perdraient immédiatement une bonne partie de leur valeur. D'accord, nous direz-vous, pourtant on a bien annulé la dette de la Grèce. Oui, mais celle-ci, avant restructuration, était de 350 milliards d'euros, alors que celle de la France frôle les 2 000 milliards ! Cela fait de nous un pays « systémique » : on ne peut pas toucher à la dette française sans risquer de perturber tout le système européen. Pour justifier sa proposition, Gaspard Koenig fait appel au grand Adam Smith dans *La Richesse des nations* : « Quand la dette nationale s'est une fois grossie jusqu'à un certain point, il n'y a pas, je crois, un seul exemple qu'elle ait été loyalement et complètement payée. Une banqueroute franche, ouverte et déclarée est toujours la mesure qui est la moins déshonorante pour le débiteur, et en même temps, par là même, la moins nuisible pour le créancier. » C'était en 1776, à une époque où nul ne pouvait imaginer l'existence d'une zone monétaire commune limitant les marges de manœuvre des États. Ni l'existence d'investisseurs chinois, américains ou qataris, devenus les principaux créanciers de la France.

D'autres prônent une augmentation de la TVA dont le produit serait affecté à la baisse des charges sociales pesant sur les entreprises. C'est plutôt une bonne idée. L'une des particularités françaises tient au fait que des prélèvements anormaux pèsent sur le secteur privé, notamment la part excessive des charges sociales sur les salaires. Les charges des entreprises en France sont ainsi supérieures de 6 points de PIB à celles qui existent en Allemagne. Tous ceux qui préconisent cette solution rappellent que la hausse de la TVA a été utilisée par Angela Merkel dès son arrivée au pouvoir. Le 1er janvier 2007, la TVA en Allemagne est passée de 16 à 19 %, tandis que le taux réduit est resté à 7 %. En contrepartie, les cotisations chômage ont reculé de 2 points. Un tiers des 24 milliards d'euros supplémentaires engrangés ont compensé la baisse des charges, le reste permettant de consolider les budgets de la fédération et des Länder. Pour faire passer cette répartition auprès des acteurs économiques allemands, le gouvernement Merkel I a promis une baisse de 10 points de l'impôt sur les sociétés, effective début

2008. Aujourd'hui, certains, comme Jean-Louis Beffa, en appellent donc à une augmentation massive de la TVA pour faire baisser les charges sociales. « Pour que chacun s'y retrouve, on peut imaginer que cette hausse finance à la fois une baisse des cotisations patronales et des cotisations salariales », plaide l'ex-patron de Saint-Gobain. Avec le risque de peser fortement sur la consommation si elle se traduit par une hausse des prix. Cela coûterait cher à la France, dont le modèle économique repose essentiellement sur la consommation, alors qu'en Allemagne c'est l'exportation qui tire la croissance. Dans le cas contraire, si les entreprises ne répercutent pas intégralement la hausse des prix, les profits vont diminuer, limitant l'effet positif de la baisse des charges. La solution n'est donc pas sans danger.

Haro sur les dépenses !

Revenons à notre impératif de réduction de dépenses. Certains, conscients de l'énormité de la tâche, ont décidé de se retrousser les manches. Denis Payre, fondateur de Business Objects et de Kiala, préconise d'« arrêter d'accroître la dette comme nous le faisons actuellement, avec le risque d'une obligation de remise à plat du système français ordonnée par les marchés financiers, et à la clef le licenciement de 500 000 à un million de fonctionnaires en quelques semaines, avec les troubles qui s'ensuivraient[1] ». Ce *serial entrepreneur* vient de se lancer dans la politique en créant, à l'automne 2013, le mouvement Nous Citoyens. Il tente d'apporter aux politiques la vision de terrain d'un chef d'entreprise et quelques principes de bonne gouvernance. Soit. D'autres sont plus réalistes : pour le sénateur Alain Lambert, avant de parler chiffres, la priorité des priorités est de changer les mentalités. « S'il m'était demandé quelle est la principale vulnérabilité de la France, explique-t-il, je répondrais sans la moindre hésitation : son addiction à la dépense publique. Car l'augmentation des dépenses semble inscrite dans notre ADN politique. Contrairement à ce qui se passe dans d'autres pays, où l'équilibre budgétaire est la règle, en France, une bonne mesure est une mesure qui coûte. Voire, qui est d'autant meilleure qu'elle coûte plus cher. Car c'est en augmentant la dépense qu'on réussira à protéger les citoyens contre tous les risques. La dépense est la réponse à tout, elle permet d'esquiver l'effort d'une analyse lucide du problème[2]. » C'est un peu comme le président d'un club de foot qui, disposant d'une équipe où les joueurs pris individuellement sont très performants, mais dont les résultats collectifs ne sont pas à la hauteur, déciderait de les augmenter en espérant améliorer la performance collective. Évidemment,

1. Entretien avec l'un des auteurs, 17 décembre 2013.
2. Alain Lambert, *Déficits publics : la démocratie en danger*, Armand Colin, 2013.

dans ce cas, dépenser plus est tout sauf la bonne solution : il faudrait plutôt tabler sur une optimisation de l'organisation et sur une stimulation de la volonté collective des joueurs de battre leurs adversaires.

Ce raisonnement devrait être transposable à l'État. Il implique une rationalisation des comptes publics qui passe par une vision consolidée des dépenses d'État, en y incluant les dépenses du hors-bilan, ce qui permettra de mettre au jour les foyers d'économies possibles, les simplifications administratives envisageables et les responsabilités de chacun. Le tout sous la surveillance d'une seule tour de contrôle qui détectera les dérapages et disposera de moyens efficaces pour remettre les budgets dans les clous. Si aujourd'hui la Cour des comptes et les commissions des finances de l'Assemblée et du Sénat, dans leurs multiples rapports, dénoncent régulièrement nombre d'excès, leurs préconisations restent pratiquement toujours lettre morte faute de pouvoir de sanction. Une autre réforme préventive majeure qui, après tout, ne devrait pas peser sur les dépenses consisterait à instaurer une obligation de transparence totale sur l'utilisation faite des impôts des contribuables. Cela suppose bien évidemment une implication de ces derniers. Voilà qui appelle en effet une révolution des mentalités ! C'est en tout cas une des clés de la réussite de la Suède dans son entreprise de redressement de ses comptes publics : chaque contribuable suédois peut exiger de se faire communiquer tous les détails, jusqu'aux notes de frais des ministres.

La France est aujourd'hui contrainte de consentir un effort budgétaire concernant le fonctionnement public et les prestations. « En attendant que les indispensables réformes de structure portent leurs fruits, la première économie à faire et la plus facile à réaliser, c'est d'arrêter de créer des dépenses nouvelles comme on le fait à chaque nouveau budget », affirme François Écalle, professeur à Paris-I et spécialiste des finances publiques. Ainsi, selon lui, la méthode la plus pragmatique pour faire des économies serait d'instaurer un gel de toutes les dépenses, budgets, prestations ou traitements de fonctionnaires, lesquels ne seraient plus revalorisés, même pour compenser l'inflation : « Ce n'est pas forcément la façon de faire la plus intelligente, mais c'est à court terme celle qui produit des effets massifs tout en diluant les mécontentements[1] », estime-t-il.

Sans même parler de réduction d'effectifs, la Cour des comptes préconise un remède similaire pour les fonctionnaires des collectivités territoriales, jugeant qu'il est possible d'agir sur la maîtrise de la masse salariale en agissant sur le temps de travail des agents, qui, dans de nombreuses collectivités, est inférieur au temps réglementaire, et en diminuant les primes et les heures supplémentaires. L'une des priorités est de réorganiser la fonction publique française, qui, avec 23 % de l'emploi total, représente l'une des plus importantes de l'OCDE. Rien qu'en réduisant la part

1. *La Croix*, 16 janvier 2014.

des salaires de la fonction publique à la moyenne de l'OCDE, on économiserait l'équivalent de trois points de PIB, soit la moitié de l'effort à consentir. Mais s'il est possible de geler ces salaires, de diminuer forfaitairement tous les crédits ou de restreindre les dépenses d'investissement, cela ne règle le problème qu'à court terme. Seule la réduction des dépenses improductives permettra de faire baisser durablement le niveau de la dette publique. D'où la nécessité de rationaliser les dépenses sociales et celles de personnel, et de mieux cibler les dépenses en réexaminant certains critères d'attribution – par exemple, en instituant des conditions de ressources pour le versement de certaines allocations. Un travail considérable de remise à plat qui requerra autant de ténacité que de courage politique.

Un fort effet récessif

On comprend assez bien pourquoi François Hollande n'a pas souhaité détailler les mesures d'économies… Pour tenter de le faire, nous avons utilisé un simulateur des finances publiques françaises, simple et très pédagogique – à notre connaissance, le seul accessible au public[1]. Présentant les recettes et les dépenses de la sphère publique, il permet de faire varier les impôts et les dépenses afin d'observer ce qui se passe au

1. http://www.financespubliques.fr/.

niveau du déficit budgétaire et de la dette publique. Ces données sont fournies sur la période 2013-2017.

Pour commencer, nous avons gelé les impôts (après avoir pris en compte les hausses 2014 de la TVA et de l'impôt sur le revenu). Ensuite, nous avons simulé une première vague de réduction des dépenses. Décidant de sanctuariser la justice, la police et l'armée, l'éducation et la santé, nous avons retenu les mesures suivantes : diminution du nombre de fonctionnaires de six ministères non sanctuarisés (– 30 000 postes, – 11,7 %) et du nombre de fonctionnaires territoriaux (– 135 000, – 8,3 %), gel des salaires et des retraites des fonctionnaires, baisse de 20 % de l'investissement public (– 12,8 milliards), introduction de la dégressivité des allocations chômage (– 3 milliards)[1]. Ces mesures permettraient à terme d'obtenir 25 milliards de réduction : ce n'est que la moitié du chemin ! Regardons tout de même où nous en sommes : le déficit budgétaire reste supérieur à 3 % jusqu'en 2017 et la dette continue d'augmenter (94,6 % du PIB en 2017, contre 93,4 % en 2013). La situation n'est pas sous contrôle. Piètres résultats, compte tenu de la purge infligée…

Dans ce cas, allons jusqu'à 50 milliards d'euros de réduction. Les choix vont être difficiles, car il nous faut piétiner certains sanctuaires ! Voici une solution (parmi d'autres) pour trouver ces 25 milliards supplémentaires : réduire de 5 % les dépenses de santé

1. Les réductions d'effectifs sont étalées sur plusieurs années.

(8 milliards), de 5 % les effectifs des fonctions publiques hospitalières et de l'Éducation nationale (5,7 milliards) ainsi que les retraites de la Sécurité sociale (5,5 milliards), baisser de 10 % le RSA, de 20 % les allocations logement (2,1 milliards pour les deux), et supprimer la moitié des contrats aidés (3,8 milliards). Au bout du compte[1], on arrive en effet à maîtriser le déficit, qui descend à 2 %, et l'endettement de la France, qui diminue lentement, passant de 93,4 % du PIB en 2013 à 91 % en 2017. Voilà ce que sous-tend l'engagement de François Hollande. Si l'on réduit vraiment les dépenses. Pas si l'on se contente de les augmenter moins que prévu.

Une telle politique a évidemment une vertu à long terme ; mais, en attendant, que se passe-t-il ? Ce point a une réelle importance, car on ne peut compter être rapidement tiré d'affaire par la croissance des autres : la croissance du commerce international est plus faible du fait de la tourmente des pays émergents, et la croissance américaine va rester modeste sous la pression de la nécessaire désintoxication monétaire. Le FMI a certes fait part, le 21 janvier 2014, d'un certain regain d'optimisme en relevant, pour la première fois depuis

1. Nous avons quelque peu modifié les hypothèses de croissance du modèle, une récente étude du FMI montrant que, en cas de baisse des dépenses publiques, l'impact négatif sur la croissance est chroniquement sous-estimé : 0,9 % pour 2015, 1 % pour 2016 et 2017. Oliver Blanchard et Daniel Leigh, « Growth Forecast Errors and Fiscal Multipliers », IMF Working Paper, janvier 2013.

deux ans, sa prévision de croissance pour l'économie mondiale. Mais il a aussitôt mis en garde contre tout enthousiasme excessif.

Ne comptons donc pas sur les autres. Or il y a un problème : effectuer de telles réductions de dépenses publiques a un impact négatif sur la croissance. Ce n'est pas un risque, c'est une certitude. Le FMI, en 2013, a d'ailleurs montré que ce processus, dit du « multiplicateur budgétaire », s'est durci pour les pays européens. Dans le cas d'une réduction des dépenses publiques, le lien entre la baisse de ces dépenses et l'évolution du PIB était, avant la crise, de 0,7 ; depuis, il est plutôt de 1. Traduction : si les dépenses publiques baissent de 1 %, le PIB du pays baisse de 1 % (avant la crise, il ne baissait que de 0,7 %). Les 60 milliards d'euros de Laurent Berrebi (hypothèse très proche de celle de François Hollande) représentent 5 % des dépenses publiques. En étalant l'effort sur cinq ans, on perdrait donc 1 % de croissance chaque année !

Épilogue

L'impôt sauve l'impôt !

Alors, que faire ? La situation étant gravissime, pourquoi ne pas réfléchir à une approche exceptionnelle, tout comme il a fallu le faire après la Seconde Guerre mondiale (voir le chapitre premier) ? Certes, les situations ne sont pas strictement comparables. En 1945, la France pouvait s'endetter pour investir et croître, et elle bénéficiait du soutien du puissant plan Marshall. Aujourd'hui, notre dette est déjà colossale et personne ne viendra nous aider à boucler nos fins de mois. Il faut donc nous débrouiller seuls, anticiper les difficultés et prendre des initiatives exceptionnelles.

Laurent Berrebi a travaillé sur cette hypothèse. Il est parti de la certitude que la seule solution pour éviter le scénario catastrophe, c'est de retrouver – très rapidement – une croissance économique significative. Pour cela, il faut combiner deux effets : augmentation du pouvoir d'achat des ménages pour soutenir la consommation et amélioration de la compétitivité des entreprises pour qu'elles exportent, investissent et, *in fine*, embauchent. La seule solution pour y parvenir de manière rapide et massive est de diviser par deux les charges sociales – schématiquement, de passer de 20 à 10 % les charges des salariés et de 40 à 20 % celles des entreprises. Cela permet une hausse moyenne de 5 % du pouvoir d'achat des ménages et, pour les entreprises, une forte réduction du coût salarial unitaire (– 12 % dans l'industrie, un peu moins dans les services). Les deux moteurs de l'économie peuvent repartir. C'est ce qu'on appelle un « choc » de croissance.

Pour réduire ainsi les charges sans détruire notre système de prestations sociales, il faut trouver les 188 milliards d'euros nécessaires. Bien entendu, la politique de diminution des dépenses publiques doit être engagée pour permettre à terme de gager cette réduction immédiate des charges sociales. Mais, au début au moins, une ressource fiscale est indispensable. Comme au lendemain de la guerre, pourquoi ne pas envisager sérieusement la mise en place d'un impôt exceptionnel de solidarité nationale ? Imposer davantage le revenu (*via* la CSG) ou la consommation (*via* la TVA) aurait des effets récessifs insupportables. Surtaxer les produits d'épargne comme l'assurance vie reviendrait pour l'État à se tirer une balle dans le pied, puisque le fonds de portefeuille est composé d'emprunts d'État. Reste donc l'immobilier, dont le marché en France est atypique et anormal, procurant des rentes élevées.

L'impôt exceptionnel porterait donc sur le patrimoine immobilier – des ménages, soit 7 294 milliards d'euros, des entreprises, soit 1 412 milliards d'euros, des administrations et des collectivités locales, soit 732 milliards d'euros. Un taux moyen de 2,2 % équilibrerait la mesure sur les charges (3 % s'il faut compenser une baisse des prix de l'immobilier). Le plan de diminution des dépenses publiques à la suédoise qui lui serait associé, à hauteur de 60 milliards d'euros, permettrait une réduction de ce taux et viserait à le réduire à une échéance de dix ans (plus tôt, ce serait trop récessif et irréaliste). Au préalable, un état des lieux du marché immobilier, notamment sur la correction ou non de la rente et sur le patrimoine des ménages, sera nécessaire pour faire évoluer le système fiscal.

À situation exceptionnelle, mesure exceptionnelle. Mais chacun doit y prendre sa juste part. Pour les ménages, l'assiette de l'impôt serait la valeur du patrimoine immobilier déduction faite des crédits immobiliers. Pour les propriétaires modestes, il faut – comme en 1945 – une franchise fixant le niveau en dessous duquel l'impôt ne s'applique pas pour la résidence principale (200 000 euros, par exemple[1]) ; cette franchise pourrait être plus élevée pour les retraités (400 000 euros, par exemple), car ils bénéficieront moins de l'allégement de cotisations. Au-delà de ces seuils, le taux serait progressif. En moyenne, le gain de pouvoir d'achat net des

1. Pour l'impôt de solidarité nationale du 15 août 1945, l'abattement de base était de 200 000 francs. Cela équivaut à peu près à 200 000 euros aujourd'hui si l'on tient compte de l'inflation et si l'on proportionne l'abattement de base à l'évolution de la richesse produite en volume, c'est-à-dire le PIB.

ménages (allégements de charges moins impôt) serait compris entre 3,5 et 7 % ; il serait de 7 % pour M. et Mme Moyens. Pour M. et Mme Riches, il y aurait le plus souvent une baisse de pouvoir d'achat, très variable en fonction de la situation patrimoniale du ménage.

Quant aux entreprises, le solde entre les allégements de charges et les impôts payés sur leur patrimoine immobilier est de 58 milliards d'euros. Cela représente d'abord une réduction des coûts salariaux unitaires, qui se traduit, en moyenne, par une amélioration de leur marge de 5 % pour retrouver le niveau des années 1980 – et qui permettrait de combler le déficit de compétitivité de la France vis-à-vis de l'Allemagne ! Pour les administrations, globalement, allégements de charges et impôts s'équilibrent. Les simulations montrent que la mesure ajoute très rapidement au moins un point de croissance à l'évolution du PIB.

Terminer un livre sur l'« horreur fiscale » en proposant un impôt exceptionnel, c'est un comble ! Sans doute. Mais cette mesure exceptionnelle permettrait de relancer la croissance, aujourd'hui au point mort. Elle serait très favorable aux entreprises et aux ménages, mais elle demande un effort aux plus riches en termes de patrimoine. Combinée à la baisse des dépenses, elle réduirait le déficit budgétaire. On pourrait alors réellement alléger les impôts et revenir à une situation où le consentement fiscal serait rétabli, ce qui redonnerait du sens à notre démocratie. Avec ce paradoxe : c'est l'impôt qui sauverait l'impôt !

Remerciements

Merci à tous ceux, patrons, experts, hauts fonctionnaires, économistes, documentalistes, fiscalistes, cités ou non dans ce livre, qui nous ont consacré du temps et permis de cheminer dans l'incroyable maquis fiscal français. Merci, chez Fayard, à Élise Roy, qui a ciselé notre texte, et à Sophie de Closets, pour la confiance qu'elle nous a accordée.

ANNEXE

Trop, c'est trop !

Août 2011-janvier 2014 : trente mois de matraquage fiscal

2011

Août — Le Premier ministre, François Fillon, annonce un nouveau plan de rigueur : les impôts et les taxes finançant les budgets de l'État et de la Sécurité sociale seront augmentés de 1 milliard en 2010 et de 11 milliards en 2012. La grande majorité des mesures annoncées seront inscrites et votées dans le cadre du budget 2011.

Septembre — Présentation du projet de loi de finances pour 2012.

Création d'une taxe exceptionnelle sur les très hauts revenus des ménages. Elle s'élèvera à 3 % pour ceux qui déclarent un revenu fiscal compris entre 250 000 et 500 000 euros, incluant les revenus du travail et du capital, et à 4 % sur les sommes excédant ce seuil.

Les heures supplémentaires seront moins avantageuses pour les employeurs, car elles seront intégrées dans le calcul des allégements de

Plusieurs dérogations sur la CSG sont supprimées ou atténuées.

Création d'une taxe sur les sodas contenant des édulcorants et relèvement de la TVA sur les boissons avec sucres ajoutés, qui passera au 1er janvier 2012 de 5,5 à 19,6 %.

À compter de février 2012, l'exonération des plus-values immobilières hors résidence principale ne s'appliquera qu'après trente ans de détention, contre quinze ans auparavant.

Les prélèvements sociaux du capital augmentent de 1,2 point et passent de 12,3 à 13,5 %, qu'il s'agisse des revenus de placement ou des revenus du patrimoine.

Alourdissement de la taxation sur les assurances complémentaires santé : le taux de la taxe spéciale sur les conventions d'assurance passera de 3,5 à 7 %.

L'alourdissement de la taxation des entrées dans les parcs à thème comme Disneyland ou le parc Astérix, qui devait passer de 5,5 à 19,6 %, ayant été rejeté par les parlementaires, il est remplacé par une nouvelle taxe de 2 % pour toutes les nuits d'hôtel tarifées à plus de 200 euros.

Emploi à domicile : suppression de l'abattement de 15 points sur les cotisations patronales de la Sécurité sociale proposé aux ménages déclarant leur employé au salaire réel.

Immobilier : le crédit d'impôt sur les intérêts d'emprunt disparaît au profit d'un nouveau prêt à taux zéro élargi, réservé aux primo-accédants.

Mariage : fin des déclarations de revenu multiples l'année du mariage, du pacs ou du divorce.

Les hauts revenus sont mis à contribution dans la réforme des retraites *via* le relèvement du taux marginal de la tranche supérieure d'impôt sur le revenu à 41 %, la hausse des contributions sur les stock-options, la suppression du crédit d'impôt sur les dividendes perçus par les actionnaires et l'augmentation des prélèvements sur les retraites chapeau.

Coup de rabot de 10 % sur vingt-deux niches qui permettent de réduire l'impôt sur le revenu en faisant un choix d'investissement. Sont concernés le crédit d'impôt sur les équipements en faveur du développement durable, la réduction d'impôt au titre de certains investissements outre-mer ou de l'investissement locatif dans le neuf.

Le taux de réduction de l'ISF au titre de l'investissement dans les PME est abaissé : il passe de 75 à 50 %.

Photovoltaïque : le crédit d'impôt sur les panneaux solaires est réduit de moitié.

Assurance maladie : les médicaments remboursés à 35 % ne le seront plus qu'à 30 % et le taux de prise en charge des dispositifs médicaux va reculer de 5 points. Les conditions de prise en charge des patients en affection longue durée (ALD) sont durcies.

Hausse de 0,6 % du prix du tabac.

Hausse de la fiscalité sur les alcools forts.

Les contrats d'assurance vie multi-supports seront soumis au paiement de la CSG et de la CRDS chaque année, et non plus en fin de contrat.

Suppression de la réduction des droits de donation.

Surtaxe exceptionnelle de 5 % sur l'impôt sur les sociétés pour les entreprises déclarant plus de 250 millions d'euros de chiffre d'affaires annuel.

Création d'un taux de TVA intermédiaire à 7 %.

Limitation de la possibilité pour les entreprises bénéficiaires de reporter leurs déficits.

Suppression du régime des bénéfices mondial consolidé.

Taxe systémique sur les banques.

Révision du barème de la taxe sur les véhicules de société.

Hausse des cotisations employeur au profit du Fonds national d'aide au logement (FNAL).

2012

Janvier — Le président Nicolas Sarkozy annonce une hausse de la TVA de 1,6 point et une baisse des charges sociales (ces mesures seront annulées par François Hollande). L'agence de notation Standard & Poor's dégrade la note de la France de AAA à AA+.

Février — Création de la TVA « sociale ». La hausse de la TVA est adoptée par l'Assemblée nationale. Le taux de TVA normal devrait passer de 19,6 à 21,2 %. Son application est prévue pour octobre 2012. Adoption aussi de la taxe sur les transactions financières de 0,2 % portant sur toute acquisition d'une action appartenant à l'une des 109 entreprises françaises cotées en Bourse. Cette « taxe Tobin » entre en application début août. François Hollande déclare sur TF1 vouloir instaurer une nouvelle tranche à 75 % pour les revenus excédant 1 million d'euros par an.

Mai — François Hollande est élu président de la République.

Juillet — Matignon décide que la refiscalisation des heures supplémentaires entrera en vigueur le 1er août. Le 1er juillet, un audit de la Cour des comptes sur les finances publiques évalue à 33 milliards d'euros le montant des mesures d'économies nécessaires pour ramener le déficit public en dessous des 3 % du PIB dans l'hypothèse d'une croissance à 1 %. Le jour même, le gouvernement reprend à son compte un certain nombre de propositions de cet audit, dont le relèvement de l'ISF et des droits de succession ainsi que la suppression des exonérations de charges salariales sur les heures supplémentaires dans les entreprises de plus de 20 salariés ; le forfait social sur la participation devrait passer de 8 à 20 %, les dividendes seront taxés à 3 %, un prélèvement exceptionnel sera imposé aux pétroliers, la taxe sur les risques systémiques des banques et la taxe sur les transactions financières devraient être dou blées. Enfin, les dotations de l'État aux collectivités locales seront gelées pour les trois ans à venir.

Dans la nuit du 19 au 20 juillet, la loi de finances rectificative pour 2012 est adoptée par l'Assemblée nationale. Elle supprime la TVA sociale et l'exonération fiscale des heures supplémentaires, qui seront à nouveau soumisesà l'impôt sur le revenu dès le 1er août ; à partir du 1er septembre, les cotisations sociales seront de nouveau dues au-delà de la trente-cinquième heure travaillée.

La majorité vote également une contribution exceptionnelle sur la fortune qui sera payée avant le 15 novembre. Elle touchera les personnes dont le patrimoine net imposable est supérieur à 1,3 million d'euros.

Le gouvernement annonce un plan de soutien au secteur automobile, avec notamment un relèvement du bonus écologique pour les véhicules hybrides et électriques.

Août — Le Premier ministre Jean-Marc Ayrault annonce une diminution des taxes sur les carburants pouvant aller jusqu'à 6 centimes par litre pendant trois mois. Le plafond du livret A est relevé de 25 %, passant de 15 300 à 19 125 euros. Celui du livret de développement durable (LDD) est doublé, passant de 6 000 à 12 000 euros.

Septembre — Présentation du projet de loi de finances 2013, qui prévoit un effort de redressement de 40 milliards pour ramener le déficit public à 3 % du PIB, concentré aux deux tiers sur des hausses d'impôts. Il reste encore 13,1 milliards d'augmentations d'impôts à décider pour atteindre l'objectif de 46 milliards d'euros de hausse des prélèvements obligatoires ; 4,5 milliards devraient provenir de l'augmentation des impôts sur les personnes.

Parmi les mesures qui vont dans le sens d'une telle augmentation, l'alignement de la fiscalité des revenus du capital sur celle du travail : imposition au barème de l'impôt sur le revenu des dividendes et des intérêts, ainsi que des plus-values mobilières, création d'une tranche d'impôt sur le revenu à 45 %, baisse du plafond du quotient familial à 2 000 euros contre 2 336 euros jusqu'alors, contribution exceptionnelle à 75 % des revenus d'activité supérieurs à 1 million d'euros.

Comme décidé par l'ancienne majorité, les seuils de barème de l'impôt sur le revenu ne seront pas valorisés de l'inflation, ce qui équivaut à une hausse de près de 2 % pour les contribuables. Les niches fiscales seront plafonnées à 10 000 euros, ce qui signifie qu'un foyer fiscal pourra réduire son impôt au maximum de 10 000 euros par an, contre 18 000 euros auparavant.

Nettement abaissé en 2011, l'impôt de solidarité sur la fortune (ISF) est relevé. Le seuil d'entrée reste à 1,3 million d'euros, mais avec un barème de 0,5 à 1,5 %. Un plafonnement est réintroduit afin que le cumul de l'ISF et des autres prélèvements ne dépasse pas 75 % du revenu.

En revanche, les niches fiscales outre-mer sont maintenues à 18 000 euros et celles des Sofica plafonnées au même montant, alors qu'elles ne l'étaient pas jusqu'alors.

Côté entreprises, les intérêts d'emprunt restent intégralement déductibles de l'impôt jusqu'à 3 millions d'euros. Au-delà, seuls 85 % des intérêts pourront être déduits sur les exercices 2012 et 2013. La « niche Copé » est rabotée : le calcul des exonérations des plus-values réalisées lorsqu'une entreprise cède des titres qu'elle détient dans une autre entreprise – avantage très apprécié des grands groupes – est durci. La surtaxe exceptionnelle de 5 % sur l'impôt sur les grandes sociétés est reconduite pour deux ans.

Les plus-values réalisées à partir du 1er janvier 2013 seront intégrées dans le revenu imposable, avec des exemptions et des abattements pour les entrepreneurs cédant leur entreprise après l'avoir eux-mêmes développée ou réinvestissant au moins la moitié des plus-values.

« Casse-toi, riche con ! » publie en une le quotidien *Libération* à l'annonce de la demande formulée par Bernard Arnault, PDG du groupe LVMH, pour obtenir la citoyenneté belge.

Octobre — Le paquet de cigarettes augmente de 40 centimes.

Après la révolte des Pigeons (les créateurs d'entreprise), le gouvernement, qui souhaitait aligner la taxation des plus-values de cession des créateurs d'entreprise au barème de l'impôt sur le revenu, accepte qu'ils conservent leur régime actuel, c'est-à-dire un taux d'imposition forfaitaire de 19 %.

Novembre — Le Sénat augmente de 6 euros la contribution à l'audiovisuel public, ancienne redevance audiovisuelle, qui passe à 131 euros pour 2013.

L'agence de notation Moody's dégrade à son tour la note de la France.

Après la remise du rapport Gallois, qui contient une vingtaine de propositions pour améliorer la compétitivité des entreprises françaises, notamment par la baisse de 30 milliards d'euros de leurs cotisations sociales, le gouver nement opte pour une réduction d'impôt qui va dans le sens d'une baisse du coût du travail : le crédit d'impôt pour la compétitivité et l'emploi (CICE), avec une montée en charge sur trois ans, dont 10 milliards dès la première année, indexé sur la masse salariale pour favoriser l'emploi. Par ailleurs, les PME (petites et moyennes entreprises) et les ETI (entreprises de taille intermédiaire) pourront obtenir une avance de crédit d'impôt dès 2013 pour améliorer leur trésorerie. En principe, plus une entreprise a de salariés, plus la réduction d'impôt sera importante.

Décembre Le rapport parlementaire sur le collectif budgétaire révèle que le coût du bouclier fiscal devrait être de 450 millions d'euros, trois fois plus que ce qu'avait anticipé le gouvernement de François Fillon.

Le Sénat rejette le dispositif du crédit d'impôt compétitivité.

Le ministre de l'Économie, Pierre Moscovici, estime que les hausses de TVA prévues à partir de 2014 pour financer le pacte de compétitivité pourront être ajustées tout au long de l'année 2013.

Selon le baromètre CSA-*Les Échos* publié le 7 décembre, un Français sur deux se dit pauvre ou en passe de le devenir.

Exil fiscal de Gérard Depardieu en Belgique.

Le revenu de solidarité active (RSA) sera revalorisé de 2 % en 2013, en plus de l'inflation.

Le Conseil constitutionnel annule la taxation à 75 % des revenus de plus d'un million d'euros, car elle était assise sur les revenus de chaque personne physique, et non sur les revenus du foyer, comme dans le cas de tous les autres prélèvements obligatoires. Il valide le crédit d'impôt compétitivité emploi, supprimé le 15 décembre par le Sénat. Les sages censurent en outre les changements de modalité de calcul du plafonnement de l'ISF, qui devaient intégrer les revenus ou les bénéfices capitalisés que le contribuable n'a pas réalisés ou dont il ne dispose pas. Cette mesure pouvait aboutir dans les faits à une imposition de plus de 75 %, voire de plus de 100 % des revenus réels d'un contribuable. En revanche, le Conseil valide le choix d'aligner la fiscalité du capital sur le travail.

2013

Mars — Démission du ministre du Budget Jérôme Cahuzac, visé par une information judiciaire pour blanchiment de fraude fiscale. Il est remplacé par Bernard Cazeneuve.

Mai — Bruxelles accorde à Paris un délai de deux ans pour ramener le déficit budgétaire sous la barre des 3 %.

Juin — Le gouvernement décide une nouvelle baisse du quotient familial pour rééquilibrer les finances de la Caisse nationale d'allocations familiales.

Août — Le ministre de l'Économie, Pierre Moscovici, évoque le « ras-le-bol fiscal » des Français. Le Premier ministre, Jean-Marc Ayrault, dévoile sa réforme sur les retraites, dont les principales mesures sont une hausse des cotisations dès 2014 et un allongement à 43 ans de la durée de cotisation en 2035. François Hollande annonce une pause fiscale dans un entretien accordé au quotidien *Le Monde*.

Septembre — Présentation du projet de loi de finances pour 2014. Mesures concernant les ménages.

Nouvelle baisse du plafond du quotient familial à 1 500 euros par demi-part ; la participation de l'employeur aux contrats complémentaire santé sera désormais soumise à l'impôt sur le revenu, mais les cotisations versées par le salarié restent déductibles ; la majoration des pensions de retraite pour ceux qui ont eu trois enfants ou plus est désormais fiscalisée.

Les droits de mutation, appelés frais de notaire, sur un achat immobilier pourront être relevés de 3,8 à 4,5 % par les conseils généraux en 2014 et 2015 ; le barème du malus automobile est durci, avec un abaissement du seuil de déclenchement et une augmentation du tarif de chaque tranche.

Alourdissement de la taxe sur les billets d'avion, gel des aides personnelles au logement, augmentation de 2 euros de la redevance audiovisuelle, qui passe à 133 euros ; les abattements pour durée de détention sur les terrains à bâtir sont supprimés ; élargissement et durcissement de l'*exit tax*, qui vise à dissuader l'exil fiscal, en imposant des plus-values sur des participations détenues par un contribuable quittant la France.

En revanche, après deux années de gel, le barème de l'impôt sur le revenu est réindexé sur le coût de la vie ; la décote pour protéger les ménages les plus modestes est revalorisée de 4 % ; la fiscalité sur les plus-values de cession immobilière baisse (la cession d'une résidence secondaire est exonérée d'impôt au bout de vingt-deux ans de détention, contre trente ans requis en 2012). Le jour de carence en cas de maladie pour les fonctionnaires, instauré par le gouvernement Fillon, sera supprimé à partir du 1er janvier 2014.

Pour les entreprises : instauration d'une taxe exceptionnelle de 75 % payée en 2013 et 2014 par les entreprises sur les rémunérations excédant 1 million d'euros, avec un plafond fixé à 5 % du chiffre d'affaires ; modification des conditions de déduction des intérêts d'emprunt des entreprises ; instauration d'une composante pollution atmosphérique dans la taxe sur les véhicules de société ; création d'une taxe de 1 % sur l'excédent brut d'exploitation des entreprises (EBE) pour les entreprises dont le chiffre d'affaires est inférieur à 50 millions d'euros ; fin de la défiscalisation des biocarburants.

Octobre Face au tollé des chefs d'entreprise, le gouvernement renonce à créer une nouvelle imposition des entreprises sur l'excédent brut d'exploitation. Elle est remplacée par une surtaxe à l'impôt des bénéfices des sociétés, qui passe de 5 à 10 % pour les entreprises réalisant un chiffre d'affaires annuel de plus de 250 millions d'euros.

Les députés rétablissent la réduction fiscale sur les frais de scolarité pour les parents d'élèves du secondaire et du supérieur, soit 61 euros pour un collégien, 153 euros pour un lycéen et 183 euros pour un étudiant.

Le mouvement des Bonnets rouges fédère les manifestants bretons hostiles à l'application de l'écotaxe poids lourds.

Face à la colère des épargnants, le gouvernement renonce à son projet de taxer rétactivement à 15,5 % les PEA, les PEL et l'épargne salariale, ainsi que les contrats d'assurance vie en euros.

Jean-Marc Ayrault suspend l'application de l'écotaxe poids lourds, qui devait entrer en vigueur en janvier 2014.

Novembre L'agence de notation Standard & Poor's dégrade une nouvelle fois la note de la France.

Dans une interview aux *Échos*, Jean-Marc Ayrault annonce une remise à plat de la fiscalité d'ici à 2015.

Décembre

Hausse des prélèvements pour le budget 2014 de la Sécurité sociale : hausse de 0,15 point des cotisations retraite ; les taux de prélèvements sociaux passent à 15,5 % pour tous les produits de placement exonérés d'impôt sur le revenu, hors PEA, PEL et épargne salariale ; taxe de 1 euro par litre sur les boissons dites énergisantes ; report de six mois (1er oCtobre 2014 au lieu du 1er avril) de la revalorisation des pensions retraite.

Jean-Marc Ayrault annonce qu'il faudra au moins dix ans pour réformer la fiscalité.

Le Conseil constitutionnel invalide le plafonnement de l'ISF et la prolongation de l'extension du dispositif d'exonération partielle de l'impôt sur les successions immobilières en Corse.

2014

Janvier

Le taux normal de TVA passe de 19,6 à 20 %, le taux intermédiaire de 7 à 10 %, et le taux réduit reste à 5,5 %.

Conférence de presse du président Hollande : il prône une politique de l'offre, avec une baisse des charges des entreprises de 35 milliards d'euros grâce à la suppression des cotisations familiales pour les entreprises ne souhaitant pas bénéficier du crédit d'impôt compétitivité emploi (CICE), et annonce 50 milliards d'euros de réduction des dépenses publiques d'ici à 2017.

Lancement des Assises de la fiscalité des entreprises.

Ouverture des Assises de la fiscalité des ménages.

Table des matières

TROISIÈME PARTIE
LES STRATÉGIES D'ÉVITEMENT

QUATRIÈME PARTIE
RÉFORMER

Composition et mise en pages
Nord Compo à Villeneuve-d'Ascq

Impression réalisée par
CPI BRODARD ET TAUPIN
La Flèche

pour le compte des Éditions Fayard
en mars 2014

PAPIER À BASE DE
FIBRES CERTIFIÉES

Fayard s'engage pour
l'environnement en réduisant
l'empreinte carbone de ses livres.
Celle de cet exemplaire est de :
0,600 kg éq. CO_2
Rendez-vous sur
www.fayard-durable.fr

Imprimé en France
Dépôt légal : mars 2014
N° d'impression : 3004949
36-4721-1/01